本书系"学思语言学丛书"之一，

得到上海地方高水平大学创新团队"比较语言学与汉语国际传播"资助

汉韩虚拟位移表达研究

HAN HAN
XU NI WEI YI BIAO DA
YAN JIU

白雪飞 著

上海三联书店

"学思语言学丛书"总序

　　"中国语言文学"学科顾名思义应由语言与文学两大部分组成，其中汉语言文字学、语言学及应用语言学、少数民族语言文学都属于其中的"语言学"学科领域。近年来，虽然学科在不断调整优化，如"语言学及应用语言学"分化出"理论语言学""应用语言学"两个二级学科，原属于中文学科的"对外汉语"逐步由"汉语国际教育"变身为"国际中文教育"，其硕士和博士专业学位现在隶属于"教育博士"专业学位，而且随着新文科意识和跨学科意识的增强以及技术的发展，不断产生与语言学相关的新的分支学科，但万变不离其宗，语言学依然是这些学科的学科基础。上海师范大学"语言学"学科拥有悠久的历史和深厚的学术积淀。20世纪50年代起，张斌先生、许威汉先生等的汉语语法研究、古汉语研究就在全国语言学界崭露头角，张斌先生倡导"广义形态"理论、三个平面及其研究实践使上海师范大学成为全国语言研究重镇。80年代中期，张斌先生领衔申报现代汉语博士学位点，成为当时全国首批现代汉语四个博士学位点之一。1999年张斌先生开始招收现代汉语博士后研究人员。2005 年学校申报成功"语言学及应用语言学""少数民族语言文学"博士学位点,从而形成汉语本体研究、汉语应用研究、方言及民族语言研究三位一体、相互促动的语言研究格局。这一研究格局使得上海师范大学语言学研究一直处在国内外领先水平,在张斌、许威汉等老一辈学者的领导下,潘悟云、何伟渔、范开泰、齐沪扬、吴为善、张谊生、徐时仪、刘民钢等第二代学者在近 40 年来迅速成为国内语言学研究的中坚力量,近 20 年来陈昌来、方绪军、宗守云、王双成、刘泽民、高航、曹秀玲、李劲荣、刘红妮、李文浩、朱庆祥等中青年学者快速成长,继续保持学科的良性发展,尤其近年来一批更为青年的学者已经活跃在国内外语言研究的前沿,进一步优化了学科成员的学缘结构和年龄结构。

随着上海师范大学的学科发展,中国语言文学学科近年来成为上海市重点学科、高峰学科和上海地方高水平大学建设学科,语言学学科在中文学科快速发展中发挥了积极的作用。在上海地方高水平大学建设中,由人文学院、对外汉语学院、外国语学院等学院的语言学力量组建起来的"比较语言学与汉语国际传播"创新团队,成为上海地方高水平大学重点创新团队。创新团队组建以来,充分发挥团队力量,在高层次人才培养、高层级项目申报、高等级科研奖励、高质量论著发表、高效率社会服务等方面都取得了丰硕的成果。为充分发挥团队效力,有效凝练团队成果,形成团队特色和团队效应,在中文学科的统一指导下,我们拟将由上海地方高水平大学建设项目支持的语言学科出版的高质量学术论著统一放进"学思语言学丛书"

中去。

　　"学思"二字取自《论语 为政》"学而不思则罔，思而不学则殆"，为学要做到"学""思"统一。上海师范大学校园内有"学思湖""学思桥""学思路"，亦取"学思"之意。语言研究必须做到学思结合统一，故而我们的丛书取名"学思语言学丛书"，希望成果暗合"学思"大意。"学思语言学丛书"不限作者专业技术职务等级，只要经中文学科审核，学术水平达到要求即可；不限著作选题，举凡语言研究的理论与应用成果均可纳入；不限某家具体出版社，只需在著作中相对显著位置标注"学思语言学丛书"字样即可，标注位置不作统一规定；丛书款式、装帧风格等也不作统一要求。

　　我们尝试这样一种相对宽松的丛书形式，并希望在相对宽松的学术氛围中逐步凝聚出上海师范大学的语言研究特色，也希望得到学科内的老师和学界朋友的支持与批评。

序

空间和位移具有知觉上的高显著度，对位移进行表达是语言中最为基本和丰富的领域。我们在组织和理解语言时，依然遵循着对空间认知的心理过程，作为最基本的认知方式和手段之一，位移的相关问题已经渗透到了语言运用的各个方面，在语言的编码和解码过程中发挥着重要作用。虚拟位移是位移事件的重要组成部分，近些年受到了学界越来越多的关注，是该领域的新兴研究课题，20世纪90年代以来，国内的虚拟位移表达研究取得了丰硕成果，但面对丰富多样的语言事实，依然有许多相关语言现象和语言问题值得进一步深入探索。

白雪飞博士的新著《汉韩虚拟位移表达研究》即是近年来虚拟位移表达研究的一部力作。是探索语言与认知关系的一次系统且深入的分析，将虚拟位移这一语言现象作为切入点，见微知著，发现了大量新颖的语言事实，深刻地阐释了汉语和韩语不同的个性特点和共性规律，充分地探讨了语言形式和语言意义之间的关系，对相关语言现象与课题的后续研究，具有较高的参考意义和价值。

　　《汉韩虚拟位移表达研究》一书共分为六章。第 1 章详细介绍了研究对象，阐述了研究意义，并全面梳理和总结了国内外相关研究动态。第 2 章确定了虚拟位移概念的界定标准，对虚拟位移的观察视角进行分析，建立了汉、韩虚拟位移表达的分类系统，重点考察六类虚拟位移——"散射型""模式路径型""相对框架型""显现路径型""达至路径型"和"共延路径型"在汉语和韩语中的表达方式。第 3 章确定了对比的参照点和共同基础，即汉语和韩语虚拟位移表达的相同、相仿和对应的概念与范畴，选定"主体、运动、背衬、路径、方式"等概念要素作为对比参照点，深入阐述了它们在汉语和韩语中的编码共性与差异。重点考察了位移主体的首现形式、语篇推进模式，并从语义到句法的相互验证出发，阐明了虚拟位移句中核心位移动词的界性特征与时体特征，以及位移事件范畴化的扩展路径。第 4 章聚焦认知语言学相关理论，分析了虚拟位移表达的形成过程与建构机制，着重关注了以往研究未深入探讨的问题，如：不同的位移动词所激活的意象图式的差异；在虚拟位移的建构过程中，转喻和隐喻机制的互动与合作；汉韩虚拟位移表达的概念整合类型；识解位移主体时的心理扫描方式等。第 5 章以功能视角为出发点，结合篇章语法、语体语法等理论，探讨了汉韩虚拟位移表达的语体特点、语篇模式和语用功能等方面的差异，并解释差异产生的动因，总结出共性与规律；分析汉韩虚拟位移表达的低及物性与语篇推进模式的关系，以及语体属性对语法成分的塑造和句法操作的限制。第 6 章对全书内容进行了总结，提炼出主要观点。

　　该专著是对虚拟位移表达研究的重要增补，在多个方面颇具特色和创新之处，具有一定的开创性：首先，在学术视角方面，该书为虚拟位移表达的跨语言研究提供了一个崭新的视角。从概念范畴的设定、构成要素的编码特征、语体形式、语篇功能等方面，系统全面地揭示了汉语和韩语虚拟位移表达共性和差异。其次，在学术思想方面，首次结合语体语法的思想，探讨虚拟位移表达的语体归属，从语体和语篇功能角度研究虚拟位移表达，这是以功能视角为出发点，探讨汉韩虚拟位移语篇模式差异的初次探究。再如，在理论应用方面，首次将意象图式理论、及物性理论与虚拟位移表达的研究相结合，大大扩展了研究视野，进一步创新和丰富了以往的研究模式。最后，在学术观点方面，打破传统上以"可通行性/不可通行性"划分主体的标准，确立了组合形式、指称特征、空间维度等三个全新的分类角度；提出了汉韩位移动词的界性特征和时体特征，指出在虚拟位移的概念建构中，转喻和隐喻的互动与合作，总结了汉韩位移事件表达的范畴化扩展路径。

　　总之，《汉韩虚拟位移表达研究》一书在跨语言研究合理模式的探讨方面、在语言普遍现象的探索方面都是非常值得肯定和借鉴的，这对厘清汉语和韩语认知语义系统的内部联系，把握两个民族对外部世界的认知方法、概念化过程以及解码方式都具有非常重要的理论价值和实际意义。

　　白雪飞自读博以来，潜心钻研，勤奋踏实，具备敏锐的学术思维、优秀的学术素养和卓越的研究能力，其为人沉稳谦逊、豁达开朗。在学术的道路上，她一直孜孜不倦，脚踏实地地耕耘，在国内外重要学术刊物发表了多篇论文，期待她今后能够取得更加优秀和丰硕的学术成果。

2024 年 5 月

目　录

"学思语言学丛书"总序 / 1

序 / 1

前　言 / 1

第一章　绪　论 / 1

　1.1　虚拟位移概说 / 1

　1.2　国内外相关研究动态 / 5

　　1.2.1　虚拟位移研究概述 / 6

　　1.2.2　国内研究现状 / 11

　　1.2.3　韩国研究现状 / 26

　　1.2.4　小结 / 34

　1.3　理论基础 / 35

　　1.3.1　位移事件框架理论 / 35

　　1.3.2　相关概念 / 38

　1.4　语料来源 / 45

第二章　虚拟位移表达的界定与分类 / 46

2.1　真实位移与虚拟位移 / 46

2.2　虚拟位移表达的视点选择 / 49

2.3　虚拟位移表达的分类 / 51

　2.3.1　散射型 / 52

　2.3.2　模式路径型 / 54

　2.3.3　相对框架型 / 55

　2.3.4　显现路径型 / 58

　2.3.5　达至路径型 / 60

　2.3.6　共延路径型 / 62

2.4　小结 / 64

第三章　汉韩虚拟位移表达的概念要素编码 / 65

3.1　主体要素的编码 / 65

　3.1.1　主体的分类与表现形式 / 66

　3.1.2　指称特征与语篇推进模式 / 74

　3.1.3　空间维度特征与认知心理 / 85

　3.1.4　位移主体的语义特征与位移事件范畴化 / 89

3.2　运动要素的编码 / 91

　3.2.1　配价分析 / 92

　3.2.2　界性特征 / 98

　3.2.3　及物性分析 / 102

3.3　路径要素的编码 / 106

　3.3.1　路径的概念 / 106

3.3.2 路径信息的必要性 / 107

3.3.3 汉语虚拟位移表达的路径要素编码 / 109

3.3.4 韩语虚拟位移表达的路径要素编码 / 114

3.4 方式要素的编码 / 122

3.4.1 方式的概念 / 122

3.4.2 方式信息的限制性 / 124

3.4.3 汉语虚拟位移表达的方式要素编码 / 128

3.4.4 韩语虚拟位移表达的方式要素编码 / 135

3.5 小结 / 147

第四章 虚拟位移表达概念建构的认知理据 / 150

4.1 意象图式 / 150

4.2 隐喻与转喻 / 157

4.2.1 隐喻 / 157

4.2.2 转喻 / 161

4.3 概念整合 / 166

4.3.1 虚拟位移表达的概念整合形式 / 167

4.3.2 虚拟位移表达的意义建构 / 176

4.4 心理扫描 / 179

4.5 小结 / 183

第五章 虚拟位移表达的语体特征 / 185

5.1 虚拟位移表达的语体归属 / 185

5.2 语体对语法成分的句法塑造 / 187

5.2.1 时间信息的限制 / 188

5.2.2 语气情态的限制 / 190

5.2.3 补语成分的限制 / 195

5.3 语体对句法操作的制约 / 200

5.3.1 否定表达的选择 / 200

5.3.2 被动化操作受限 / 202

5.4 小结 / 206

第六章 结 语 / 208

参考文献 / 214

后 记 / 230

图 目 录

图 1　真实位移图式（Langacker 2008：529）/ 7

图 2　虚拟位移图式（Langacker 2008：529）/ 7

图 3　位移事件概念结构（参考 Talmy 2000b: 28）/ 36

图 4　概念整合的空间关系 / 43

图 5　虚拟位移表达的分类 / 52

图 6　虚拟位移表达的主体分类 / 88

图 7　位移主体的抽象度与位移事件范畴化 / 90

图 8　"-에""-（으）로""-을 / 를"标示的维度信息 / 121

图 9　"穿过"的真实位移图式 / 152

图 10　"横跨"的真实位移图式 / 153

图 11　"穿过"的虚拟位移图式 / 155

图 12　"横跨"的虚拟位移图式 / 156

图 13　例（36）的概念整合图式 / 168

图 14　例（37）的概念整合图式 / 170

图 15　例（38）的概念整合图式 / 172

图 16　例（39）的概念整合图式 / 173

图 17　概念整合的意义结构模型（王正元 2009: 42）/ 176

图 18　例（44）的意义形成机制 / 178

图 19　叠加式主体的总括扫描模式 / 183

表 目 录

表 1　虚拟位移表达的句法—语义特征
　　　（임태성 2017b：24）/ 30

表 2　隐喻实例（Ungerer & Schmid 2001：121）/ 40

表 3　汉韩语虚拟位移主体的指称表现形式 / 81

表 4　位移主体范畴化程度与位移事件及物性 / 103

表 5　影响及物性高低的十项参数 / 104

表 6　汉语前置词例示（史文磊 2014：176）/ 112

表 7　韩语复合位移动词的语义组配 / 116

表 8　汉语介词与韩语格助词编码路径的方式 / 120

表 9　方式动词与其他动词的语义组合形式 / 137

表 10　不同语体的表达特点 / 186

表 11　虚拟位移的表达特点 / 186

前　言

　　"虚拟位移"指的是位移主体没有发生任何实际移动，但却通过具有位移义的动词或短语进行表述的一种主观的、假想的移动。20世纪90年代，虚拟位移研究成为认知语言学与心理语言学领域的热门研究课题之一，研究领域涉及理论探讨、跨语言对比、实证研究与应用研究等诸多层面。但从目前的跨语言研究来看，多集中在英语与汉语的对比上，汉语和韩语虚拟位移表达的对比研究屈指可数，且研究不够深入和系统，仍然有很多问题尚未解决。有鉴于此，在前人研究的基础上，我们借鉴位移事件框架理论，对汉语和韩语虚拟位移表达进行研究，以共延路径型虚拟位移为例，将研究问题限定在各要素的编码特点、意义建构机制和语体归属上。

　　为系统地分析汉语和韩语虚拟位移表达的句法—语义特征，本书探讨了虚拟位移的观察视角，对虚拟位移的概念作出了界定，并梳理了其分类问题，以此为基础，考察了各类型虚拟位移在汉语和韩语中的表现形式。而后着重以位移主体、运动、路径、方式等概念要素为参照点，对比了汉语和韩语虚拟位移表达，阐述了二者在编码各要素时的共性与差异。此外，运用意象图式、隐喻和转喻、概念整合与心理扫描等理论分析了虚拟位移概念建构的认知机制。同时，讨论了虚拟位移表达的语体归属，考察了语体因素对虚拟位移表达的语法成分和句法操作的制约。本书得出的主要观点如下：

主体要素方面，虚拟位移的主体组合形式可分为单一型与复合型，指称形式可分为定指型和不定指型；从首次出现形式来看，虚拟位移的语篇推进存在两种模式："无背景信息 + 定指型主体"和"背景信息 + 不定指型主体"；从维度的角度可将其分为一维、二维和三维主体；位移事件的典型程度取决于位移主体的范畴化扩展程度高低，范畴化扩展程度越高，位移事件的及物性越低。

运动要素方面，汉语和韩语都可以通过位移动词编码运动信息，动词表达的运动具有 [+ 无界、- 动作、- 完成] 的语义特征，在句法上允准 [+ 持续义] 的时间成分来显化时间信息。此外，汉语还可以通过介词编码路径，韩国则能够通过格助词进行编码。

路径要素方面，在汉语和韩语中，路径要素都呈现出显性特征，即路径要素是虚拟位移表达中的必要要素；但对于路径的编码，汉语主要通过趋向动词和介词，而韩语则采用含路径义动词、格助词或含方向义动词等进行编码。

方式要素方面，汉语和韩语都可以通过含方式义的动词及副词编码，且方式状语的出现都受到一定的限制，主要体现在表示时间的状语和表示情感体验的状语不能出现在虚拟位移句中。对于表示位移速度的状语，汉语和韩语都能允准其进入虚拟位移句。

对于虚拟位移表达的概念建构机制，首先，真实位移和虚拟位移在句法和语义以及在时间轴上的不同体现出了二者意象图式结构的差别；其次，虚拟位移表达的认知机制与概念隐喻和概念转喻有关，二者可在不同层面作用于虚拟位移主体；再次，虚拟位移表达的意义建构涉及两种概念整合类型：糅合型和截搭型；最后，虚拟位移的认知过程体现出总括扫描这一心理扫描方式。

就虚拟位移表达的语体特点来看，其属于非叙事的说明性语体。在时体、语气情态、补语成分、否定、被动等句法操作方面，虚拟位移和真实位移有很大差异。语体动因对虚拟位移具有句法塑造作用，表现在两个方面：一是对语法成分的塑造，即时间信息的限制、语气情态的限制和补语成分的限制；二是对句法操作的限制，表现为否定表达的选择和被动化操作受限。

第一章　绪　论

1.1　虚拟位移概说

位移，指的是物体在运动过程中，发生了空间的位置变化，它是自然界中最为普遍的现象之一。位移事件是人类的一种基本认知模型，具有普遍存在的特征，因此，对位移现象的感知与表达也是人类语言的重要内容。探索位移事件在不同语言中的表达，能够为我们提供一个研究语言和认知的窗口，因为它在人类表达空间运动感知、通过语言将主体运动概念化的过程中发挥着重要作用。

根据位移主体有无实际移动，可将位移事件分为真实位移与虚拟位移。真实位移指的是位移主体物理的、空间位置的移动，描述的是动态的空间场景；而虚拟位移指的是位移主体没有发生任何实际移动 ①，但却通过具有位移义的动词或短语进行表述的一种主观的、假想的移动，描述的是静态的空间场景。例如：

---

① 位移事件要区分绝对和相对，就哲学层面来说，运动具有绝对性，是无时无刻不存在的。虚拟位移是对静止物体的描述，这里的静止，是说没有发生相对的运动。

（1）我们穿过石铺的大道，穿过坎坷的小径，丹枫如火如荼，一枝枝挺秀的野菊花散布在路旁的石缝里。（赵清阁《忆王莹》）

（2）一条公路穿过小溪通向远方，由于年久失修，已变得坎坷不平。（王晋康《类人》）

例（1）是真实位移，位移主体"我们"发生了实际的空间位置移动；而例（2）的位移主体"公路"是客观静止物，但"穿过"却赋予其［＋移动］的语义特征，使得原本客观真实世界的静态主体"公路"具备了动态的位移效果，沟通了客观与主观、静态与动态、现实与虚拟。韩语中也有虚拟位移表述，例如：

（3）빨간 우산을 일제히 펴든 행인들이 빌딩 아래를 지나가고 있다.（김상수〈피아니시모〉）

（4）주인아저씨와 나는 향린촌의 수영장을, 테니스 코트를, 골프 연습장을, 그리고 저수지와 쓰레기 소각장을 지나 동백리 마을 쪽으로 내려갔는데, 마을과 향린촌의 경계라고 할 수 있는 굴다리 위로는 영동고속도로가 지나가고 있었다.（김원두〈어느 개의 인간적인 추억〉）

例（3）的"행인들（行人们）"是有生主体，句子描述的是真实空间移动；但例（4）的位移主体——"영동고속도로（岭东高速公路）"是客观静止物，但句子却使用了具有［＋位移］语义特征的"지나가다（穿过）"进行描述，把静止的主体刻画成移动的主体，将静态的场景赋予了动态的表达效果。

由此可知，语言不仅可以描述"真实位移"，也可以通过隐喻的创造性扩展到"虚拟位移"，这种隐喻的创造性往往已经被规约化而习焉不察。客观静止物与位移动词的搭配构成了一种语义冲突，静态空间场景与虚拟位移表述形成了一种形义错配。Talmy（2000a）把这种静态空间场景的动态位移描述称为"虚拟位移"（fictive motion），虚拟位移是通过观察者的视线移动，对静态客体进行的心理扫描，是观察者将自己作为参照点来观察其他事物，是一种描述空间相对位置的表达方式。虚拟位移事件不仅包含了主体和位移动词，也包含了建构真实位移事件的组成成分，如：主体、运动、路径、背衬、方式等，但却并没有描述任何真实的物理空间位置移动，而是对静态空间场景的描写。虚拟位移是一种泛语言现象，除了汉语和韩语，在其他语言中也很常见，如英语、日语、西班牙语、德语、泰语等。

对于这种语言现象，Langacker（1987）将其称为"抽象位移"（abstract motion），Matsumoto（1996a，1996b）把它叫作"主观位移"（subjective motion），Talmy（1996，2000a）则称之为"虚拟位移"（fictive motion）。本研究采用"虚拟位移"这一术语，因为它是与"真实位移"相对应的概念，人们在描述静态空间场景时模拟了运动场景，实际上是观察者视线的移动产生的心理模拟位移，它是虚拟的而非真实的，因此这一术语能更好地体现这种语言现象的本质。

Talmy（2000a：103）指出，语言中的虚拟位移表达包括不同的范畴，有"散射型"（emanation）、"模式路径型"（pattern paths）、"相对框架型"（frame-relative motion）、"显现路径型"（advent-paths）、达至路径型（access paths）和共延路径型

（coextension paths）。本研究以共延路径型虚拟位移为研究对象，共延路径型指的是通过假想的移动过程来描述某一具有空间延展性物体的位置、形状或走向，如例（2）和例（4）。本研究之所以仅选取共延路径型虚拟位移作为研究对象，是因为我们认为，共延路径型是六类虚拟位移中最具典型性的，它与真实位移的构成框架相似，但内部的构成要素却不同，因此对照性最强，可操作性强，所以，以共延路径型为例进行考察，能够挖掘出虚拟位移更多的表达特点。如无特别说明，本研究的虚拟位移均指共延路径型虚拟位移。

虚拟位移研究近年来成为了认知语言学领域的一个热点课题，而跨语言研究是其中的一个重要方面，但从目前国内的跨语言研究来看，多集中在英语与汉语的对比上，汉语和韩语的对比研究屈指可数，且研究不够深入和系统，仍然有很多问题没有解决，比如："汉韩虚拟位移位移主体除了可通行性/不可通行性的划分标准，还有哪些编码特征及表现形式""汉语和韩语虚拟位移句在路径、方式等要素的编码上有何不同""虚拟位移的语体归属及表达效果是什么"等等。有鉴于此，在前人时贤研究的基础上，我们借鉴位移事件框架理论对汉语和韩语虚拟位移表达进行研究，将研究问题限定在各要素的编码特点与认知机制方面。由此，本研究的意义可归纳为以下几点：

第一，总结和归纳汉语和韩语虚拟位移表达的特点，概括出意义在句法中的投射规律，有助于建立起一个完善的位移事件框架体系，可以补充和发展位移事件框架理论。

第二，对汉语和韩语虚拟位移表达进行对比研究，既有利于解释虚拟位移表达的个性特点，又有利于挖掘语言类型的共性规律，为以后扩大语言样本，丰富位移事件的类型学研究奠定基础。

第三，比较汉语和韩语虚拟位移表达的异同，确定两种语言中的等同、相仿和对应的概念或范畴，以句法依存关系、构成成分或语义概念作为共同对比基础，有助于确立位移事件表达的对比描述框架，促进语言普遍现象的研究。

第四，有助于推动语言与认知关系研究的深入，对揭示汉语和韩语认知语义系统的内部联系，把握两个民族对外部世界的感知方式、概念化过程和解码方式都具有一定的意义和价值，为探索语言与认知思维的关系带来新启发。

综上，虚拟位移表达是一种涉及句法形式和语义错配的语法现象，目前，从汉语和韩语对比的视角来研究和分析这一问题的文献尚不多见，鉴于此，本研究选取汉语、韩语虚拟位移表达作为研究对象，以期有所创获。

1.2　国内外相关研究动态

虚拟位移现象从 20 世纪七八十年代开始引起认知语言学界的关注，到了 90 年代，虚拟位移研究成为认知语言学与心理语言学领域的热门研究课题之一。近年来，虚拟位移研究得到了进一步的扩展和深化，研究领域涉及理论探讨、跨语言对比、实证研究及应用研究等诸多层面。这一节我们主要从虚拟位移表达的研究概述、国内研究现状、韩国研究现状三个方面对前期研究进行综览。

1.2.1 虚拟位移研究概述

Talmy 是虚拟位移理论研究的奠基人，他从认知的角度进行了开创性的研究（Talmy 1975，1983，1996，2000a，2000b），他的观点对虚拟位移研究产生了深远影响。Talmy（1975）首先注意到了这种语言现象，他将虚拟位移置于人类认知系统中来观照，指出虚拟位移是认知系统中"交叠系统"（overlapping system）在语言系统中的特殊表现，虚拟位移表达将叙实表征和虚拟表征融合在一起，把对某一静态实体的描述赋予了动态的语义特征。

（一）理论研究

Talmy（2000a）对虚拟位移进行了系统的介绍，指出了虚拟位移的区别性特征，并对其进行了详细的分类，着重考察了散射型虚拟位移的表现形式及认知原则，并对语言中的散射型虚拟位移与其他认知系统中的对应关系进行了分析。

Langacker（1987，1990）运用心理扫描（mental scanning）机制来对虚拟位移现象进行了分析，他认为，通过动词来描述静态空间场景，语义发生了转变，这种转变是由主观化所引起的，因此将其称之为"主观位移"（subjective motion）。Langacker（2008）指出，虚拟位移是一种主观化现象，并举出如下例句进行说明：

（5）a. An ugly scar runs from his elbow to his wrist.

　　b. An ugly scar runs from his wrist to his elbow.

　　c. The pitcher ran from the bullpen to the mound.

例（5c）中，主体"pitcher"沿着物理空间的某一路径，观察者对此真实位移事件进行了描述。图式如下：

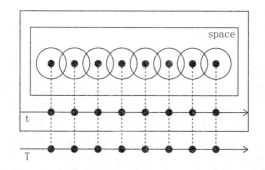

图 1 真实位移图式（Langacker 2008: 529）

如图 1 所示，在真实位移事件中，每个时间点都是独立而各不相同的，位移主体经过的路径也是不同的，它们组合在一起构成了一个真实位移事件。而例（5a）和（5b）描述的是相对静止物，不存在移动和方向性，但句子表述中却含有方向义的成分，这反映了视线在物理空间中进行移动的心理位移。图式如下：

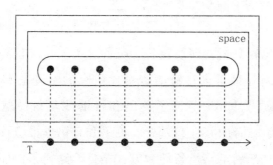

图 2 虚拟位移图式（Langacker 2008: 529）

在真实位移事件中，观察者随着观察对象的移动，视点不断转移，而在虚拟位移事件中，如图 2 所示，观察者在连续的时间内，把主体的整体构成当作路径，将其认知为虚拟的移动。

Lakoff & Turner（1989）运用概念隐喻理论来解释虚拟位移现象，并指出，虚拟位移体现了跨域映射，是通过运动这一概念来理解形式的映射，是概念隐喻——"形式即运动"（FORM IS MOTION）在语言表层的体现。

Fauconnier（1997）运用心理空间和概念整合理论分析了虚拟位移的建构机制，把虚拟位移现象解释为真实运动在静态空间关系上的投射，指出虚拟位移表达式同时传递了动态和静态的信息，静态的空间场景通过动态的移动表达出来，即静态空间和动态空间的概念整合。

Langacker（2008）认为，虚拟运动是真实运动在静态空间关系上的投射，是一种主观化现象，是位移主体通过心智扫描建立起对位移事件的概念化，是一种以动态事物为基本参照点的模型来广泛系统地描述静态空间场景的语言现象。

（二）跨语言对比研究

虚拟位移的跨语言对比研究大多数是在 Talmy 的理论框架下进行的比较分析，涉及英日、英西、英汉、汉日等多种语言的比较。国外最早进行跨语言对比研究的学者是 Matsumoto。Matsumoto（1996b）对比了英语和日语共延路径型虚拟位移句，指出了二者的共性和差异。英语和日语虚拟位移表达的共性特点是：都满足路径条件和方式条件。路径条件即虚拟位移句必须包含与路径相关的信息。例句如下：

（6）a.　John began to run.

　　　b.　*The road runs.

c. The road runs along the shore.

d. The road began to ascend /descend.

（Matsumoto 1996b：195）

例（6b）—（6d）是虚拟位移句，但（6b）没有表达路径的成分，因此句子不合法；而例（6c）的介词短语"along the shore"和例（6d）的动词"ascend /descend"都包含了路径信息，所以表达成立。但对于真实位移句，如（6a），就没有这样的限制。英日虚拟位移表达的差异主要体现在：不可通行的位移主体（如墙、篱笆）不能作为日语共延型路径虚拟位移的主体；但在英语中，允许不可通行的物体充当位移主体。

Rojo & Valenzuela（2003）对比了英语和西班牙语的共延路径型虚拟位移表达，指出与翻译真实位移句相比，西班牙译者在翻译虚拟位移句时，更忠实于原文，原因是路径信息和方式信息在虚拟位移句中更加凸显。如果从位移事件框架类型来看，英语属于卫星框架语言，西班牙语属于动词框架语言，二者分属两种不同类型的语言，但在共延路径型虚拟位移句中，英语和西班牙语的路径动词使用频率并没有太大差异，此外，两种语言都允许可通行或不可通行的位移主体出现在虚拟位移句中。

Takahashi（2000）对英语和泰语散射型虚拟位移表达进行了对比研究，并将泰语散射型虚拟位移进行了分类，分析了各子类的句法结构。Takahashi（2001）进一步对比了英语和泰语达至路径型虚拟位移。

铃木裕文（2005）对比了汉语和日语的主观位移表达，从视觉主体的位移和视觉主体的视线移动两个角度加以分析，指出日语和汉语对于同样的信息采取不同的表达方式。另外，日语中可以运用综合扫描和顺序扫描的形式，而汉语倾向于采取综合扫描的形式。

（三）实证研究

随着虚拟位移理论探讨的逐渐深入，这种现象也受到了心理学界的广泛关注，虚拟位移的实证研究主要通过各种离线和在线任务，探究人们在理解空间抽象运动时，是否会模拟运动以及如何模拟运动，以此来验证虚拟位移的心理现实性及认知机制。目前的主要研究范式有反应时、绘画分析和眼动实验等。

Matlock（2004b）设计了四个叙事理解任务来研究虚拟位移的动态心理表征过程。实验首先让被试阅读一段情节描述，情节是关于人物在物理空间中的移动，包括运动速度、距离、场地等情景的对比，然后让被试判断虚拟位移句是否与情节描述相关。研究结果表明，在阅读长距离、慢速度和难行走的场地的情节后，被试对虚拟位移句的反应时间明显更长一些。

Richardson & Matlock（2007）设计了一个眼动实验，排除了"被试可能因为觉得虚拟位移句趣味性更强，所以注视时间长"这个干扰因素，增加了"运动场景行走难易度"这一变量，进一步验证了在处理虚拟位移句时，人们会进行心理模拟运动。Rojo & Valenzuela（2009）通过自定步速阅读测量反应时，验证了Matsumoto（1996b）提出的"路径条件"和"方式条件"的心理现实性。

Matlock（2004）为代表的研究证实了虚拟运动事件的心理现实性，此后虚拟运动事件表达的产出过程受到关注，代表性的研究有 Blomberg（2014）、Egorova（2018），二者通过对语料库的分析得出其表达的提取规则，是对该领域进一步的深入探索。

1.2.2 国内研究现状

近年来，汉语学界也逐渐开始关注虚拟位移现象，对虚拟位移的考察呈现出多角度的特点，有的是对虚拟位移的句法、语义研究，有的是对虚拟位移的类型学研究、有的是对虚拟位移的翻译研究等。在理论方法上，也表现出多元化的趋势，逐渐从表层描写走向深层解释。以下我们将从虚拟位移的理论研究、跨语言对比研究、实证研究、应用研究等方面进行介绍。

（一）理论研究

姚京晶（2007）将汉语虚拟空间静止位置关系句分为虚拟位移运动句和虚拟零位移活动句两类，把汉语建构人类心理活动的虚拟运动句分为虚拟位移运动句、虚拟零位移活动句、虚拟变化句和虚拟场所句四类进行考察。其中虚拟位移运动句和虚拟零位移运动句的句法框架分别总结如下：

（7）　　NP$_1$　　+　　动词　　+　　NP$_2$

［−生命］［−移动］　　　［+位移］　　［−生命］［−移动］

且充当虚拟运动主体的 NP$_1$ 或 NP$_2$ 一般具有［+狭长］的语义特征。

（8）NP$_1$　　+　　动词　　+　　NP$_2$

［−生命］［−移动］［+倚抱］［+强持续性］［−位移］［−生命］［−移动］

并将汉语虚拟空间静止位置关系分为如下六类：

（9）a. NP₁ 与 NP₂ 之间呈覆盖关系

　　b. NP₁ 与 NP₂ 之间呈连接关系

　　c. NP₁ 与 NP₂ 之间呈穿插关系

　　d. NP₁ 与 NP₂ 之间呈存现关系

　　e. NP₁ 与 NP₂ 之间呈倚靠关系

　　f. NP₁ 与 NP₂ 之间呈环绕关系

王莉（2008）将汉语的虚动句分为基本类型、扩展类型（边缘类型）、隐喻性虚动句三类，其中基本类型又分为覆盖型、组合型、出现型、参照物相关型；扩展类型（边缘类型）分为投射型、指向型、感知型和依傍型；隐喻性虚动句分为关于心理活动和时间两类。

李雪（2009）认为，与"想象性运动"有关的认知能力是感知觉，主要是视觉。该文还指出，存在"想象性运动"这种语言表达的原因是认知动态倾向性造成的，很多情况下，人们倾向于通过动态的模式来描述静止事物。举例如下：

（10）The wells get deeper the further down the road they are.

（11）The wells' depths form agradient that corre-lates with their locations on the road.

例（10）描述的是动态场景，例（11）描述的是静态场景，但例（10）却不符合英语的表达习惯，例（11）的表达才能被接受。

陶竹、毛澄怡（2011）梳理了汉语中六类虚拟位移的表达方式，这六类分别是：发散式位移、模式路径、框架参照位移、显现路径、达致路径和共展路径。并分别举例如下：

（12）a. 工地上千万盏电灯光芒四射，连天上的星月也黯然失色。

b. 远远传来报晓的钟声。

（13）我坐在车里，看到路边的树飞快地向后跑。

（14）a. 石山的崖脚一直插入水底。

b. 平地上崛起一座青翠的山峰。

（15）那条山脉从加拿大延绵到墨西哥。

（16）a. 我家对过（儿）就是邮局。

b. 剧院的斜对过（儿）有家书店。

（17）湿疹都起到胸口上来了。

范娜（2012）指出，英语中的两类延伸路径虚构运动表达（任意虚构运动和具体虚构运动表达），受运动主体和运动时间的任意性及运动路径的通行性影响，体现出不同的抽象度。延伸路径虚构运动表达中持续时间的表述与表达的抽象度有一定关系，抽象度越低，时间性越强，时间的精确度越高；而表达中的距离描述则不受表达抽象度的影响，可存在于任意一种虚构运动表达中。

黄华新、韩玮（2012）认为，主观位移本质上是真实运动在静态空间关系上的投射，来自对动态和静态两种空间场景的概念整合操作之中，其中位移事件是主观位移事件中的构架事件，静止事件提供的位移主体、背衬和路径等成分可以填充到这个构架中去。他们还指出，能够进入汉语主观位移句的实体大体分两类：第一类是"线"类体，第二类是"面"类体，因为它们均为占空间范围较大的物体，而占空间范围较小的物体通常情况下则不可以承担位移主体的角色，因为后者可以以整体的方式出现在观察者的视域范围内，而不需要观察过程中的视线扫描。

李秋杨、陈晨（2012a、2012b）探讨了延伸路径类和相对框架路径类虚拟位移表达产生的空间和视觉感知体验，并指出，客体在空间中以静止状态存在，由于观察者的视角、注意力和参照物的变化，使得静态存在的客体形成动态的运动过程，其运动的路径表现为该客体在空间中的伸展轨迹。并认为，虚拟位移的感知依据主要来自人的视觉，虚拟位移的视觉体验和观察者是否参与到位移事件之中有直接关系。由此，可以把虚拟位移分为三种情况：主体参与的虚拟位移、主体缺位的虚拟位移和视角变化产生的虚拟位移。三类虚拟位移依次举例如下：

（18）近两个钟头的旅程中，从夹持高速公路的巴尔干群山流泻下来的<u>绿色</u>一直伴随着我们。（北京大学 CCL 语料库）

（19）莫斯科的街道呈环形和放射形，一条条林荫<u>大道</u>，一环环自市中心向外<u>延伸</u>。（北京大学 CCL 语料库）

（20）汽车沿着平坦的黑色路面疾驰，一条条白色的交通<u>标志线</u>向后飞驰。（北京大学 CCL 语料库）

邓宇（2012）分析英汉心理活动虚构运动表达的认知机制和过程，并指出，英汉心理活动虚构运动表达的认知机制是以空间中实体的客观运动事件为源域向以抽象的静止心理表征为目标域的隐喻投射过程。

杨静（2013）提出了"路源假说"认为延展类虚拟位移的体验基础是基于人和"路"的互动，它是人在思考"路"的基本情况时联想自己在路上进行虚拟位移产生的，所举例句如下：

（21）The road went up the hill（as we proceeded）.

（22）This road goes from Modesto to Fresno.

（23）The road runs along the river.

（24）The cord runs along the wall.

例（21）到（24）大致代表了虚拟位移的产生和发展轨迹。证据之一是目前收集的英文语料显示该句型大多用在对"路"的描述上（百分之六十多），其次，现在能接触到的所有语言（英语、西班牙语、日语、印度语、芬兰语等）中，该句型都可以用在对"路"的描述上，这种普遍性绝非偶然。其三，有些语言（如日语）中虚拟位移只能用在可穿行的物体上，不可穿行的物体不能使用（Matsumoto 1996a：183-226）。最后实验证明（Rojo & Valenzuela 2004：125-151），在西班牙语中，不可穿行的物体用在虚拟位移中需要加工的时间比可穿行的物体要长。

邓宇（2013）对经典宋词中的四类散射虚构运动概念化的分析表明：概念化具有动态性，概念化主体的心理模拟运动和有次序的心理扫描成为虚构运动意义表征的主要内容。

范娜（2014b）分析了英语中延伸、临现和指示路径型三类虚拟位移的概念整合过程和转喻机制，并指出，这三类虚拟位移的概念整合过程可以概括为"真实位移与静态物体方位（即动与静）"的概念整合，它反映了输入空间 I_1 中的"动"与输入空间 I_2 中的"静"的认知整合。而发生在输入空间 I_1 中的不同转喻机制均可以归属于更高一级的转喻，即"以行动指代结果（以动代静）"。虚拟位移中的转喻机制为输入空间 I_1 中的"动"与输入空间 I_2 中的"静"搭建了桥梁，因此，可以说虚拟位移中的转喻机制是概念整合的前提，为概念整合过程提供了认知基础。

陶竹、张韧（2014）指出，语言中普遍存在类似"Route 87 goes from New York to Hartford"这样的表达，Jackendoff 创立的概念语义学称此类表达为"延展句"，认为所使用的动词已失去运动义，该文运用一套语义原子对这类表达的概念结构进行了形式化分析。但也指出，这种分析未能满足描写的充分性原则，并从检验句式、语言现象、认知依据三个方面揭示了概念语义学分析中存在的问题，认为其动词语义结构和路径属性分析缺乏足够的认知依据。

钟书能、黄瑞芳（2015）认为，虚拟位移建构主要归因于主观化对句法语义限制消解的结果，由主观化实现的虚拟位移句法构式又给其自身带来其他限制，也即主观化对句法行为有反制约作用。

兰发明（2016）指出，虚拟位移事件的及物性过程类型主要包含物质小句和存在小句，其环境成分多由空间介词短语来体现，特别是识解为处所环境，从而证实空间介词短语是表征虚拟位移事件的重要词汇语法资源。此外，虚拟位移事件多由表示方式和路径的位移动词来体现，而非位移动词在虚拟位移事件中并不多见，这也构成了虚拟位移事件的重要词汇化模式。

余立祥（2016）分析了临现路径虚拟位移、散射路径虚拟位移和相对框架型虚拟位移三类虚拟位移的概念整合过程，并运用概念整合理论对毛泽东诗词中的虚拟位移进行了认知阐释。

郑国锋、陈璐、陈妍、林妮妮、沈乐怡（2017）将汉语中的发射路径虚拟位移分成了四类——方向路径、辐射路径、影子路径、感知路径。并指出，汉语中介词使用频率明显低于英语，这是由于使用趋向动词和带有方向性的动作动词时，汉语中发射路径中的介词可被代替或省略。

余立祥（2017）探讨了汉语中散射路径、相对框架运动和图形路径虚拟位移表达认知要素的语义特点，并比较了虚拟位移表达和真实运动表达认知要素的异同。

白雪飞（2018）指出，韩语中允许不可通行的物体充当位移主体；运动信息主要通过复合位移动词来编码；对于路径信息，韩语采用复合路径动词、格标记和表示路径义的短语来编码，韩语的格标记不仅可以表示位移事件框架里位移主体与背衬的空间位置关系，还可以表示不同的空间维度；方式信息在虚拟位移句中受到限制，表达主体意愿和表示频率的状语不能出现在韩语虚拟位移句中。

崔希亮（2018）认为，现实和虚拟是认知语言学里的两个对立的概念，是对客体实在性的一种认知评价，既然是认知评价，就或多或少地反映评价者的主观认识。我们在运用通用知识或者推理对事件真实性进行评估时，把真实度高的认知表现看作是现实的，把真实度低的认知表现看作是虚拟的。

魏在江（2018）提出，转喻思维是虚拟位移构式建构的认知理据，是语法构式建构中的关键性因素，对句法结构的形成有重要影响。转喻思维直接导致了虚拟位移构式搭配的非对称性、动词词义泛化、路径信息的完型共现，以及认知体验的重现。

张克定（2020）指出，抽象位移事件的形成取决于抽象实体的物质实体化和可动化这一隐喻性体认机制。体认者对这种位移事件的语言编码必须包括位移事件所涉及的位移体、参照实体、位移和路径四个基本要素。

陈碧泓（2020）认为，观察者将视线移动的感受主观地附加在观察对象上，会形成观察对象本身发生运动的主观感受。对于六类虚拟位移表达，在汉语中，"散射型"和"共延路径型"的使用频率更高，属于典型的虚拟位移，而"模式路径型"和"接近路径型"出现的频率较低，不属于典型的虚拟位移。

（二）跨语言对比研究

李亚培（2011）在英语虚构位移表达的类型特征基础上，分析了汉语虚构位移的表达特点，并指出，汉语延伸路径虚构位移表达中的路径信息大多都用介词指明位移路径，即使有些动词如"来""去"本身就已经包括了路径信息，但还要利用介词指明位移方向。此外，从汉语延伸路径虚构位移表达来看，汉语表现出附加语框架型语言的特征。

韩玮（2012）对英汉主观位移表达进行了对比，指出二者的相同点主要表现在位移主体类型、路径条件和方式条件上，不同点主要体现在路径和方式的语言表征上，在路径描写方面，英语主观位移句对路径描写的细致程度较汉语主观位移句高，在英语主观位移句中，附加语经常叠用在方式动词之后，提供详细的路径信息，所举例句如下：

（25）Southwards to their left they could see the forest falling away down into the grey distance.（Tolkien，*Lord of the Rings II*）

（26）But the landscape became grander and more exciting as we drove north；great fiords cut deep into the land，and mountain-sides of lava screes towered away up into the clouds.（BNC）

此外，英汉语都可通过连续性复杂路径的方式刻画位移主体，所举例句如下：

（27）Leaving the last house of the village，the path wound on the steep，cliff-like side of the lake，curving into the hollow where the landslip had tumbled the rocks in chaos，then out again on to the bluff of a headland that hung over the lake.（Lawrence，*Twilight in Italy*）

（28）从公路上的车窗里望过去，一条同银丝似的长蛇小道，在对岸时而上山，时而落谷，时而过一条小桥，时而入一个亭子，隐而复见，断而再连。（郁达夫《旅痕处处》）

在英语样本中，有24.3%的主观位移句以连续性复杂路径的方式刻画位移主体，而连续性复杂路径的比率在汉语样本中仅为18.1%。在方式信息的表征上，英语主观位移句的凸显度更高一些，在方式动词的集中度上，英语样本的方式动词表现出比汉语更大的集中度。

刘璇（2012）将虚拟运动表达分为三类：视觉主体客观上运动；视觉主体的视线运动；视觉主体本身和其视线同时运动，并指出，英语、汉语在道路虚拟运动表达方面的异同：在第一类中，两种语言有相似的限制。但在数量和分布方面有所不同。

首先，英语中有关道路的虚拟运动表达远远多于汉语；其次，汉语的道路虚拟表达在第二类的第二种情况和第三类中没有出现，而英语在每一类中都有相应的表达；再次，在英语的道路虚拟运动表达中，一些动词的出现频率远远高于其他动词，而汉语则分布相对平均。

王义娜（2012）认为英汉虚拟位移表征的共性是：使用的动词类型及其语义侧显基本一致，表现为以路径动词为主，方式动词及其方式义受到抑制；对时空感知的概念化基本一致，都有视觉主体位移和"移向/移离目标"的视线位移表达；位移方向表达丰富，汉语表现为趋向词和指示词的多种组合。

李秋杨（2014）从类型学的角度考察了英、汉、西、日四种语言在虚拟位移表达中的共性和差异，指出无论是哪一种语言，其位移主体都具有线性特征或是具有空间延展性的平面物体；四种语言在表达手段方面的差异主要有：英语用介词表达复杂路径，西班牙语和日语中使用含有路径信息的位移动词，汉语则用"位移动词＋趋向补语"结构来表达；英、汉、西三种语言的虚拟位移表达可用"不可通行性特征"的物体作为位移主体，而日语中某些不可通行的位移主体在虚拟位移表达中不能出现。

范娜（2014a）对比了汉、英指示路径虚拟位移中的五个认知要素——位移主体、位移、路径、方式、持续时间和距离，指出汉语中的位移主体比英语中的位移主体具有更高的抽象度；汉语和英语中的位移都是对位移路径的说明；路径条件和方式条件在汉语和英语中同时存在，它表现了路径信息的必要性和方式信息的排除性；而持续时间的表述从根本上是对位移距离的说明。

晏诗源（2014）对比了英、汉延伸型虚拟位移表达，指出二者的相同点表现在位移主体选择性、路径信息的必要性和方式信息的受抑制性上。不同点主要体现在路径和方式的具体表征上：英语虚拟位移对路径的描写和切分都更为细致，且方式信息的凸显度和方式动词的出现频率比汉语更高。

蔡珍珍（2015）通过对语料库的统计与分析，对比了英汉虚拟位移表达，并指出，英语中出现最多和最少的分别是发散路径型和相对框架型虚拟位移，而在汉语中出现最多和最少的分别是相对框架型和模式路径型虚拟位移；英汉在高频率虚拟动词的使用上也不对应，英语中出现频率最多的 5 个虚拟动词是"come，run，reach，rise，draw"，汉语中是"伸，爬，横，退，掠"。

奉兰（2015）对中英虚拟运动句进行了对比研究，指出Talmy 对英语虚拟运动的分类并不完全适用于汉语，模式路径和达致路径类虚拟运动句在中文中不常见。除此之外，在研究共延路径时发现，Matsumoto 提出的著名的"路径条件"可以应用于中文语料，而"方式路径"则不完全适合于中文，因此，文章提出"路径条件"是虚拟运动句的显性要求，而"方式条件"则是隐性要求。

曹佳（2015）对英汉感知散射类虚拟位移表达进行了研究，认为英汉位移主体和背景表现出相似的特点，即与视线、声音、气味和气流相关，位移路径都可以由路径动词、介词和附加词来表达，位移方式都可以由方式动词和副词来表达；二者的差异性体现在对复杂路径的描写和精细的位移方式描写上。

钟书能、傅舒雅（2016）对比了英、汉虚拟位移主体，指出英、汉虚拟位移主体除具有无生命性、不可位移性、空间延展性等语义特征，还应具备连贯性这一语义特征。此外，英汉位移主体在时间和距离的表达上有很大的不同——英语趋向时间性，而汉语倾向距离性。再者，在动词的选用上，汉语倾向于选用路径动词，抑制方式动词；英语在两者上均有一定频率的使用。

杨京鹏、吴红云（2017）以 toward（s）平行语料为例对比分析了英汉虚构位移事件的词汇化模式，并指出，英汉虚构运动词汇化模式包括四种类型：完整模式、"名词 + 介词"模式、"形容词 + 介词"模式和单介词模式；汉语虚构运动出现了三种特有模式：语用路径模式、动词路径模式和零路径模式；英汉虚构运动词汇化模式发生了较大的跨语言交叉变化；对汉语而言，Matsumoto（1996）的"路径条件"的适用性需要考虑语用因素的影响。

白雪飞（2017，2018b）对比了汉韩虚拟位移表达，指出在位移主体的选取方面，汉语和韩语都允许不可通行的物体，即抽象度较高的主体充当位移主体；对于方式信息，汉语和韩语都可以通过含方式义的动词及副词编码，并且方式状语的出现都受到一定的限制。此外，在路径信息的编码方面，二者既呈现出共性，也存在差异。

李书卿、张艳（2017）探讨了英汉语言表达中的"虚拟运动"，并指出，英汉语言中大量存在"虚拟运动"的语言表达，究其原因有二：一是概念化主体视觉感知具有普遍虚拟性；二是人类认知模式具有动态倾向。

吴丽（2017）对韩汉虚拟位移表达进行了对比，认为二者在位移主体的选择、路径要素的必要性及状语受限方面表现出相似性；但在方式的抑制性方面，韩语不受限而汉语受限，因为韩汉语的语言类型不同，韩语属于动词框架语言，方式动词包含路径信息，而汉语是卫星框架语言，方式动词不包含路径信息。

李名昊（2019）指出，汉韩虚拟位移句都可以同时出现多个动词，韩语中的他动词可以编码路径（path）信息而自动词需要另外加上路径信息。韩语中既可以用复合词表达路径信息，也可以加上介词短语，汉语中只有位移动词加介词短语一种方式。时态上，韩语倾向于使用正在进行时或状态而汉语倾向于使用一般现在时。

姚艳玲、周虹竹（2022）认为，日汉虚拟位移表达的主体类型具有点状、线状和平面状特征，且可进行细化分类，在位移动词的使用上，日语多用路径动词，而汉语多用方式动词，日汉语延伸型虚拟位移以心理扫描和意象图式转换作为表达式的认知基础。

秦映雪（2023）比较了汉英散射型虚拟位移表达，指出汉语对于焦点的描写更加细致，且背景在句中的位置更加灵活。英语中方式动词表示运动的情况多于汉语。在路径表达中，英语采用动介式结构，汉语采用动趋式结构。

（三）实证研究

李玲（2012）将理论与英语教学相结合，研究中学生在写作中对虚拟运动句的使用情况以及对虚拟运动句的理解情况。两项实验的内容如下：一是写作实验，让实验对象运用所给动词描写所给场景或自己设想的场景；另一项是画图任务，实验对象用画箭头表示他们对成对的虚拟动作句与非虚拟动作句的理解。研究结果表明，超过50%的被试能够用所给动词在写作中运用虚拟运动结构。实验二证明了在看到虚拟运动句后，能画出比看到非虚拟运动句后更长的路径轨迹。

黄瑞芳（2015）该研究以80名中国英语学习者作为实验组以及15名英语母语者为受试，研究结果显示，与习得延伸路径虚拟位移"方式"和"移动时间"的句法语义特征相比，受试更容易习得"位移主体"和"路径"的句法语义特征；二语水平的高低会影响受试习得英语延伸路径虚拟位移的情况。

钟书能、傅舒雅（2017）对英语母语者习得汉语虚拟位移构式进行了实证研究，研究发现：1）英语母语者习得汉语虚拟位移构式的顺序依次为：移动主体、移动方式、移动路径；而移动距离在高、低水平组之间并无显著差异；2）汉语水平的高低对习得虚拟位移构式具有很大影响，即汉语水平越高，习得汉语虚拟位移构式越好，并且英语母语者对虚拟位移构式的理解明显好于其产出；3）即使是高水平的英语母语者，在习得虚拟位移构式时仍有一定的困难。

钟书能、黄瑞芳（2017）考察了不同英语水平的中国英语学习者习得英语虚拟位移构式的特点及潜在的习得困难，研究发现：1）中国英语学习者按难易度顺序先后习得英语虚拟位移构式中的"移动主体""移动路径""移动方式""移动时间"这四个虚拟位移构式建构要素的句法、语义特征。2）英语水平的高低在很大程度上影响了受试习得英语虚拟位移的情况，也即英语水平愈高，习得情况愈好。3）即使高水平的中国英语学习者在习得英语虚拟位移时仍存在一定困难，远未能达到母语者水平。4）某些英语虚拟位移构式的次类型（如假设位移）对英语母语者也构成一定的挑战。

（四）应用研究

汪燕迪（2017）探讨了虚拟位移中位移主体和参照物的汉译英技巧，并指出，英汉之间不同的概念显现原则和句法组织特征使其在虚拟位移构式的位置表现出部分差异。这种差异根源于两种语言句法结构的特点，以及其背后不同的文化背景支撑。

苏远连（2017）通过对虚拟位移研究的梳理，提出了对我国外语教学的几点启示：树立认知语言学的语言习得观和外语教学观，为虚拟位移等语法现象的教学注入新活力；就教学内容而言，根据现有理论研究和实证研究成果梳理安排虚拟位移构式的教学；就教法而言，以理据驱动教学过程、以体验认知为主要教学模式进行虚拟位移构式教学；将传统的对比分析方法灵活运用到虚拟位移构式的教学中。

费长珍（2023）以现当代诗歌和古诗词中的虚拟位移现象为例，将相关理论与对外汉语教学相结合，设计了教学案例并详细阐述了虚拟位移研究在对外汉语教学中的启示，指出将虚拟位移的研究成果与对外汉语教学相结合，有助于构建起适应汉语思维的认知框架，对学习者习得汉语以及学习者本身的认知思维发展都有促进作用。

1.2.3 韩国研究现状

韩语学界对虚拟位移现象也有所关注，研究领域也涉及理论探讨、跨语言对比研究、实证研究和应用研究等方面。

（一）理论研究

임지룡（1998）对比了客观位移与主观位移，并对韩语虚拟位移的语言表征及特点进行了认知分析并指出，与客观位移相比，主观位移在语言表征上受到一定的限制，主观位移表达以叙述者参与到场景中为前提，主观位移表达可以说是一种泛语言现象。他将虚拟位移分为两类：相对位移（relative motion）与心理位移（mental motion），前者以叙述者自身的移动为参照点，后者以叙述者视线的移动为参照点。例如：

（29）창박에는 여전히 옥수수 밭이 지나가고 있었다.

（30）백운산 어름에서 큰 산맥 하나가 백두대간과 갈라져 서쪽으로 뻗어간다.

例（29）的表述是将叙述者自身的移动作为参照点，因此是相对位移；而例（30）是叙述者以视线的移动为参照，是心理位移。他将两类虚拟位移的特征总结如下：

（i）以言者移动为参照的相对位移

    a. 实际情况：对象—固定，言者—移动

    b. 语言表达：对象—移动

（ii）以言者视线为参照的心理位移

    a. 实际情况：对象—固定，言者—固定

b. 语言表达：对象—移动

김주식（2002）运用概念整合理论阐释了虚拟位移形成的认知理据，指出在虚拟位移的整合中，输入空间 1 和输入空间 2 分别代表了移动与非移动，即输入空间 1 是动态心理空间，输入空间 2 是静态心理空间。所举例句如下：

（31）The blackboard goes all the way to the wall.

输入空间 1 将假想物体从起点到终点的移动投射到整合空间，在整合空间中，终点与黑板的棱、参照点与墙各自合二为一，输入空间 2 再将"黑板的棱贴在墙上"投射到整合空间中。

임지룡（2004）指出，虚拟位移赋予静止的对象以虚拟的移动义，其中相对位移可以看作是"前景—背景"的反转现象，心理位移可以通过信息扫描和概念整合机制进行说明，虚拟位移的形成和理解是对认知主体主观的概念化过程。

임지룡（2007）认为，言者在描述某一场景或情况时，可以采用主、客观对立的视角进行叙述，虚拟位移就是一种"客观性—主观性"的视角反转现象，如例（32）—（34）都使用了位移动词"지나가다（穿过）"，但（32）的位移主体是"사람（人）""자동차（汽车）"，而（33）的主体分别是静态的"옥수수 밭（玉米地）"和"전깃줄（电线杆）""고속도로（高速公路）"，例（32）是客观位移，例（33）和（34）是主观位移，这恰恰体现了主、客观视角的反转。

（32）{사람·자동차} 가 들판을 지나가고 있다.

（33）창밖에는 여전히 옥수수 밭이 지나가고 있었다.

（34）{전깃줄·고속도로} 가 들판을 지나가고 있다.

임태성（2012）分析了含有位移动词"달리다（跑）"的位移事件的语义属性，包含"달리다（跑）"的物理位移比心理位移的语义属性更丰富，由于虚拟位移的主语一般是"산（山）、철도（铁路）、건물（建筑）、벽（墙壁）"一类的物体，因此"달리다（跑）"主要与呈直线的路径共现。

임태성（2013）考察了含有位移动词"달리다（跑）、걷다（走）、뛰다（跑）"的虚拟位移的语义建构方式，并将位移分为实际位移、比喻位移、假想位移三类，实际位移是物理移动，是我们把真实经历的位移通过语言进行表征；而比喻位移是通过概念隐喻和转喻机制起作用的一种抽象表达；虚拟位移是一种视角体系的扩展现象。

김준홍·임성출（2012）分析了虚拟位移的认知机制，指出含位移动词的虚拟位移背后的认知机制是隐喻机制，其中，有形主体的虚拟位移的认知机制是拟人隐喻，无形主体的虚拟位移的认知机制是实体隐喻，有些情况也融合了拟人隐喻。此外，转喻和隐喻机制还可以共同作用于虚拟位移句中。

김준홍（2012a）认为，虚拟位移的认知过程可以分为四个阶段，分别是观察对象的选定、虚拟观察、位移认知和表述。并指出，不同类型的虚拟位移表达在认知过程方面呈现出差异。

임태성（2015a）对"달리다（跑）"类动词——"달리다（跑）"的语义扩展进行了研究，指出在"내달리다（奔跑）"的物理位移句中，可表达起点、地点、速度、相对位置、态度、终点等语义属性，在心理位移句中，可表达虚拟移动和模拟移动的语义属性；在"치달리다（跑上去）"的物理位移句中，

可以表达方向、终点等语义属性，在心理位移句中，可表达虚拟移动和模拟移动的语义属性。

임태성（2015b）分析了动词"뻗다（伸）"的语义扩展现象，指出当"뻗다（伸）"修饰的主语是客观世界的物理实体时，其语义的扩展可以分为三类：基于概念转喻的扩展、基于概念隐喻的扩展和假想性扩展。并分别举例如下：

（35）겨울나무들은 하늘을 향해 곧게 뻗어 있었고 마른 나뭇가지 사이로 드문드문 새집이 보이기도 했다.

（36）이러한 축소의 전통이 있었기에 트랜지스터의 씨앗은 일본에서 가지를 뻗고 이파리를 피워 꽃피게 된 것이다.

（37）산줄기가 남쪽으로 뻗어 있기 때문에 남쪽을 향해 성이 기울어져 있는 듯이 보였다.

임태성（2016）把具有位移义的动词进行了分类，总结出了韩语虚拟位移表达中出现的位移动词，并以其中部分动词的虚拟位移句为例，在임지룡（1998）的基础上，对相对位移和心理位移进行了进一步细分，把相对位移分为"言者移动"和"参照体移动"，把心理位移分为"肉眼移动"和"心理移动"，并指出，相对位移采用的是"次第扫描"模式，而心理位移采用的是"总括扫描"模式。相对位移与心理位移及其小类分别举例如下：

（38）a. 우리의 발자국을 기다리는 길들이 저 멀리서 흘러오네요.

　　　b. 그리고 지금 버스가 달리고 있는 길을 에워싸며 버스를 향하여 달려오고 있는 산줄기의 저편에 바다가 있다는

것을 알리는 소금기, 그런 것들이 이상스레 한데 어울리면서
녹아 있었다.

（39）a. 중앙대로가 뻗은 자리엔 철로가 지나고 있었고 지
금 빌딩들로 둘러싸인 제법 넓은 광장엔 역이 있었다.

　　　　b. 여유 있는 사람은 날짜 변경선이 지나는 남태평양
의 작은 섬이나 태양신을 모셨던 고대 이집트인들이 축조한 거
대한 피라미드 앞으로 달려가 해맞이를 즐긴다.

임태성（2017a）对动词"솟다（升）"的语义进行了考
察，指出"솟다（升）"第一层次的语义扩展机制是"概念转
喻"和"虚拟位移"，描述身体内部或外部变化的表达是基于概
念转喻，描述静止场景的表达属于"虚拟位移"；第二层次的语
义扩展机制是"概念隐喻"，如："솟는 것은 감정이다（油然而
生的是感情）"等。

임태성（2017b）考察了虚拟位移表达的句法和语义特征，
并将虚拟位移的分类及各类构式总结如下表：

表 1　虚拟位移表达的句法—语义特征（임태성 2017b: 24）

虚拟位移		基本体验	句法特征
相对位移	观察者的移动	观察对象沿某一路径移动 观察对象以背衬为参照进行移动	主语　谓语 主语　宾语　谓语 主语　状语　谓语
	参照物的移动	观察对象以背衬动体为参照进行移动	主语　状语　谓语
心理位移	肉眼观察	对象沿某一路径或按某种方式移动	主语　状语　谓语
	心理观察	观察对象沿某一路径移动 观察对象移动	主语　状语　谓语 主语　谓语

박미애（2023）指出，现代汉语虚拟位移构式可以说是一种由隐喻和转喻机制创造的句法结构，其中"散射型""相对框架型""出现路径型""达致路径型"和"共延路径型"的想象运动结构与转喻有关。

（二）跨语言对比研究

김준홍（2011，2012b）以英韩虚拟位移表达为研究对象，将虚拟位移分为"不含位移动词"和"含位移动词"两类，其中"含位移动词"的虚拟位移又分为"有形主体"的虚拟位移和"无形主体"的虚拟位移。有形主体的虚拟位移表达在英韩语中表现出较多的共性：虚拟位移只能出现在自动句中；位移主体具有非施动性；路径要素是虚拟位移表达的必要要素；体现情感、意图、频率的状语受限；动词的时体表达受限。差异表现在：位移动词的选取方面，韩语更倾向于采用连动结构，即动词的复合形式，而英语没有这种倾向。

이강호（2012）对比了德、语、汉、韩虚拟位移表达，考察了指示性位移动词在虚拟位移中的词汇化模式。并且以"时光流逝"这样的隐喻表达为例，指出了空间指向既是位移的前提和必不可少的条件，也是人类基本的认知概念之一，该文重点分析了与"上—下"有关的隐喻表达。路径要素的必要性在四种语言中都得以体现，此外，韩语在两个方面表现出与其他三种语言的不同：一是比起单一动词，韩语更倾向于采用"지나가다（穿过）"这样的复合动词来表达；二是位移动词倾向于与体标记"-고 있다"相结合使用。

이주익·임태성（2023）考察了英语和韩语的虚拟位移表

达，指出路径要素在两种语言中都是基本要素，这与对水平、垂直运动的感知和对线性运动的感知有关。虽然英语和韩语对虚拟运动中水平运动的感知相似，但从选择观察方式来看，对垂直运动的感知却有所不同。

（三）实证研究

김기수（2016）以192名韩语母语者的学生为调查对象，考察了虚拟位移对于理解时间概念所产生的影响。研究结果表明含有"反方向"信息的虚拟位移表达会对理解时间概念产生影响，而含有"正方向"信息的虚拟位移却不会，这是因为与以自身为参照的移动隐喻表达相比，韩国人更熟悉以时间为参照的隐喻表达。

김기수（2017）以384名韩语母语者的学生为调查对象，考察了虚拟位移对于理解英韩时间隐喻所产生的影响。第一个实验内容是分别给两组被试作调查，让其中一组在读了虚拟位移句后画出头脑中浮现的画面，另一组读了非虚拟位移句后画出浮现的画面，之后让他们回答带有歧义的问题，如："Next Wednesday's meeting has been moved forward two days. What day is the meeting now that it has been rescheduled?"或"그 비디오테이프를 앞으로 돌려라 는 말이 그 테이프를 오른쪽 방향（→）으로 돌리라는 뜻인지 왼쪽 방향（←）으로 돌리라는 뜻인지를 선택하시오."（"把录像带向前转这句话的意思，是把带子向右转（→）还是向左转（←）请选择"）。调查结果通过卡方独立性检验后，并没有得到具有可信度的结果。第二个实验内容仍是让两组被试读虚拟位移句，但其中一组被试所读的虚拟位移句包含"远离被试"的方向信息，如："The road goes all the way to Seoul."或"이 도로는 멀리 서울까지 간다（这条路一直走到遥远的首尔）.";另一组被试所读的虚拟位移句包含"靠近被试"的方向信息，如："The road comes all the way from Seoul."或"이 도로는 멀리 서울에서 온다（这条路从遥远的首尔走来）."然后回答第一个实验中关于时间的两个问题。研究结果表明，虚拟位移句中如果包含"以自身为参照"的方向信息，被试回答两个时间问题时，回答"星期一"和"左边"的比例要明显高于"星期五"和"右边"。这个结果说明了方向信息对于被试理解时间概念的影响。

（四）应用研究

손정숙（2014）以韩国的英语学习者为对象，通过问卷调查的方法，分析了韩国的英语学习者在习得位移表达时产生的偏误。在让学习者用英语翻译韩语虚拟位移句的调查中，大部分学习者将韩语虚拟位移句中的动词直译为相应的英语，即如果给出的韩语句子使用了状态动词，则用英语翻译时也倾向于状态动词，但实际上它们并没有对应关系，这反映出了母语的负迁移作用；另一道题目是，给出一幅图画和描述这幅图画的两个句子（一个是静态的场景描述，一个是动态的虚拟位移描述），让学习者二选一，选出最佳描述，结果显示，韩国学习者在面对静止的场景时，更倾向于对其进行状态描述，而非虚拟位移描述，但有些句子在英语中使用虚拟位移表示更加合适，这也是母语影响负迁移的一个表现。此外，英语虚拟位移句中，动词通常使用单一形式，且不用进行体，而韩语则相反，虚拟位移句中动词通常使用符合形式，且多与进行体标记连用。韩

语学习者在翻译英语虚拟位移句时，由于受到母语的影响，会产生此类偏误。

1.2.4　小结

通过梳理国内外相关研究动态可知，学界对虚拟位移表达的研究取得了很多成果，为推动虚拟位移研究的发展提供了有价值的参考，但同时我们也发现，作为位移事件的重要组成部分，学界对它的考察远远不及真实位移的研究那么成熟，尚有较大进步空间：

首先，现有研究多集中在某一种语言内部，涉及的对比研究也主要为汉英对比，汉语和韩语的对比研究屈指可数。探索不同类型的虚拟位移表达的内在联系和区别，有助于补充和完善位移事件框架理论，促进语言普遍现象的研究，因此，对比研究的广度和深度都亟待加强。

其次，以往的研究多集中在虚拟位移现象的描写，对认知动因的分析大多数围绕转喻展开，而事实上虚拟位移表达的认知机制不仅仅只有转喻，还涉及概念隐喻、意象图式、心理扫描和概念整合等，它们对虚拟位移的意义建构都起着十分重要的作用，但以往的研究对此缺乏全面深入的分析。

最后，根据现有研究来看，句法结构研究多，语篇功能研究少。目前的研究多以内部视角探讨虚拟位移表达的句法结构，以外部视角揭示其语体属性、语篇模式和语用功能的研究甚少，然而这方面的研究会给虚拟位移现象带来全新的阐释，因此，研究的角度和思路都需要进一步拓宽。

1.3　理论基础

1.3.1　位移事件框架理论

Talmy（2000b：217-218）对广义的"位移事件"（motion event）组成要素进行了分类[①]，并指出，运动框架事件由主事件（major event）和副事件（co-event）构成。其中主事件包括四个概念要素：主体（figure）、背衬（ground）、运动（motion）及路径（path）。

位移主体指一个移动着的或从概念上看可以移动的主体，它相对于另一个物体而运动或存在，位移主体是事件的描述对象，也是注意力焦点。背衬指的是参照对象，位移主体相对于它而移动，通过背衬，位移主体的路径或位置特点能得以描述。运动指的是运动本身，即位移主体在空间中的移动或存在，位移主体相对于背衬所发生的变化或不变的过程，运动包括两个值：变化和不变，在位移事件中，运动就是指位移主体的移动或变化，一般通过动词来表达。路径指的是位移主体相对于背衬移动的轨迹或存在的位置，位移主体和背衬通过路径信息发生联系。位移主体、背衬、运动和路径等语义成分构成了主事件的内部结构。

此外，副事件（co-event）是位移事件发生时可能会涉及前因后果以及不同的方式等，包括前提、致使、方式、结果、伴

[①] Talmy（2000b：213-278）提出了五种主要概念框架事件，位移事件是其中之一。这五种框架事件分别是：位移或存在事件（event of motion or location），廓时事件（event of contouring in time），变化事件（event of change or constancy among states），关联事件（event of correlation among action），实现事件（event of fulfillment or confirmation in the domain of realization）。

随、目的等等，副事件对主事件起支持作用。我们可以把位移事件看作成一个宏事件（macro-event），宏事件是由一个主事件和一个副事件组合而成的，主事件的概念要素起架构作用，副事件的概念要素起支持作用。位移事件的概念结构可总结如下图：

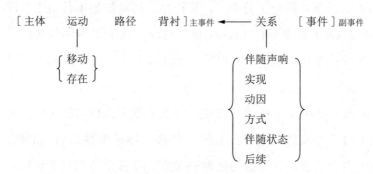

图 3　位移事件概念结构（参考 Talmy 2000b: 28）

　　狭义的位移事件通常指某一主体发生了动态的位置移动。例如：

　　（40）The bottle floated out of the cave.

　　　　　瓶子漂出岩洞。

　　（41）The napkin blew off the table.

　　　　　餐巾被（风）吹下桌子。

　　上述二例中，位移主体分别是"bottle, napkin"；背衬"cave"和"table"是位移主体运动的参照物；运动即位移（move）本身，由"float, blow"抽象而来；路径则指"bottle"和"napkin"的位移轨迹——"out of, off"；例（40）的动词"floated"包含方式信息，是位移主体表现出来的附加动作或状态，代表运动的表象，它可以和运动合二为一；例（41）"（the wind）blew"则包含动因信息，表示位移发生的原因。

　　以上两例表达的是真实位移，然而位移事件框架理论不仅适用于真实位移句的分析，也同样适用于虚拟位移句的分析，例如：

　　（42）　**火车**　　　　穿　　　过　　山洞。
　　　　　　［位移主体］［运动＋方式］［路径］［背衬］

　　（43）　**铁路**　　　　穿　　　过　　山洞。
　　　　　　［位移主体］［运动＋方式］［路径］［背衬］

　　例（42）与例（43）只有位移主体不同，例（43）的位移主体"火车"是发生了移动的位移主体，而例（43）的位移主体"铁路"是没有移动的主体，位移主体的不同决定了两个例句的不同性质，前者为真实位移，后者为虚拟位移，但它们都可以纳入位移事件框架中，如动词"穿"同时编码了运动和方式信息，趋向动词"过"编码了路径信息，"山洞"编码背衬的成分。韩语亦是如此，例句如下：

　　（44）**소년이**　　남쪽으로　　달리고 있다.
　　　　　　［位移主体］［背衬］［路径］［运动＋方式］

　　（45）**고속도로가**　남쪽으로　　달리고 있다.
　　　　　　［位移主体］［背衬］［路径］［运动＋方式］

　　例（44）是真实位移句，位移主体是"소년（少年）"；例（45）是虚拟位移句，位移主体为"고속도로（高速公路）"。上述二例除了位移主体，其他概念要素均相同，背衬要素由"남쪽（南边）"编码，路径要素通过格标记"-（으）로"编码，动词"달리다（跑）"则编码运动和方式信息。

1.3.2　相关概念

(一) 概念隐喻

在传统语言研究中，隐喻被看作是一种修辞方式，而传统修辞学把隐喻看作一种特殊的修辞手段。从 Lakoff & Johnson (1980) 起，学者们开始从认知的角度对隐喻进行研究，由此隐喻被更明确地认为是一种认知手段，概念隐喻理论也成为了认知语言学最重要的理论之一。Lakoff (1993) 分析阐释了认知语言学的隐喻观，并提出了"隐喻的认知观"。Lakoff & Turner (1989：103-104) 指出，隐喻是不同的高级经验域 (superordinate experiential domains) 中两个概念之间的映射，即将源域 (source domain) 的相关特征转移到目标域 (target domain) 中，或者说目标域的概念可以通过源域来理解。李福印 (2009：132-133) 根据 Lakoff 的分析，把主要内容进行了如下归纳：

1. 隐喻是认知手段。隐喻是我们用来理解抽象概念、进行抽象推理的主要机制。隐喻让我们用更具体的、有高度组织结构的事物来理解相对抽象的或相对无内部结构的事物。许多主题，从最基本的事物到最深奥的科学理论都只能通过隐喻来理解。

2. 隐喻的本质是概念性的。隐喻从根本上讲是概念性的，不是语言层面的。隐喻性语言是概念隐喻的表层体现。

3. 隐喻是跨概念域的系统映射。跨概念域的映射是不对称的，是部分的。每一种映射都是源域与目标域之间一系列固定的本体对应。一旦那些固定的对应被激活，映射可以把源域的推理模式投射到目标域中的推理模式。

4. 隐喻映射遵循恒定原则。源域的意象图式结构以与目标域的内部结构相一致的方式投射的目标域。

5. 映射的基础是人的经验。映射不是任意的，它植根于人的日常经验及知识。

6. 概念系统的本质是隐喻的。概念系统中含有数以千计的常规隐喻映射，这些映射构成概念系统中有高度组织的次概念系统。

7. 概念隐喻的使用是潜意识的。绝大部分常规概念隐喻系统是潜意识的、不自觉的，使用起来是毫不费力的，正像我们的语言系统及概念系统中的其他部分一样。

8. 概念隐喻是人类共有的。隐喻映射的普遍性有所不同，一些似乎是具有共性的，另外一些是广泛的，还有一些似乎是某种文化特有的。

概念隐喻通常分为三类：方位隐喻（orientational metaphor）、实体隐喻（onto-logical metaphor）和结构隐喻（structural metaphor）。"方位隐喻"是参照方位而形成的一系列隐喻概念，指的叙述者借用空间方位关系来描述处于非空间关系中的对象，涉及空间方位关系的概念；"实体隐喻"指的是将那些较为模糊和抽象的经验，如思想、行为、情感、心理活动等无形的概念看作具体的、有形的实体或物质，把抽象的概念具体化；"结构隐喻"是指通过一个具体的概念来比喻一个抽象的概念，两个概念的认知域是不同的，前者概念域中的相关概念可以系统地映射到后者的概念域中，对于哪两对概念经常被用来比喻，Ungerer & Schmid（2001：121）根据认知语言学家讨论的一些实例，作了如下总结：

表2　隐喻实例（Ungerer & Schmid 2001: 121）

源域（Source）	目标域（Target）
dangerous animal（危险动物）	anger（生气）
journey（旅行）	life（人生）
war（战争）	argument（论争）
sending（发送）	communication（交际）
day（一天）	lifetime（一生）
buildings（建筑物）	theories（理论）
money（金钱）	time（时间）
theater（舞台）	word（世界）

在上表中，左边的源域是具体的，右边的目标域是抽象的，生活中，人们常用具体的概念去理解较抽象的概念，因为人们更容易把握有形的、熟悉的、简单的概念，它们一般来自日常生活中对周围事物的基本经验。

（二）概念转喻

转喻最早被看作语言层面的一种修辞格，对转喻的传统理解是基于"邻近"（contiguity）的概念。但自20世纪80年代以来，随着认知语言学的发展，转喻被看作一种心理机制，认知语言学家意识到它不仅是一种修辞方式，它与隐喻一样是人类基本的认知手段。

从认知的角度来研究转喻始于Lakoff & Johnson（1980），他们认为转喻是一种认知现象，它涉及两个具体事物之间的邻近性，任何通过联系或转喻变化都属于这一范畴；Lakoff（1987）认为转喻是"理想化认知模式"（ICM）的一种形式，它是在同一个认知域内，用容易理解和感知的部分代替整体或其他部分，以转喻的实体为参照点，为目标体提供心理可及；Lakoff

& Turner（1989）则认为转喻是在一个单一认知域中的概念映射（conceptual mapping），不涉及跨域映射，且这一映射包括的"替代"（stand-for）关系主要是指称；Langacker（1993）认为转喻是一个参照点现象（reference point phenomenon）；Croft（1993）指出，转喻涉及一个认知域矩阵（domain matrix）中的一个主要认知域（primary domain）和一个次要认知域（secondary domain），而转喻的主要功能就是使在字面义中的次要认知域变成主要认知域。Radden & Kövecses（1999）认为，转喻是一个概念现象和认知加工过程，转喻在一个认知过程中，一个概念实体为同义 ICM 内的另一个概念实体提供心理可及。Barcelona（2002）则提出转喻是从一个认知域向另一个认知域的映射，即源域向目标域的映射，源域和目标域属于同一功能域，二者在语用功能方面的联系使目标域在心理上被激活。

转喻和隐喻一样，也可以看作由本体、喻体和喻底三个部分组成的，但与隐喻不同的是，在转喻中，本体从不出现，喻体就是喻底。本体和喻体之间是一种替代的关系。而这两个事物之间并不存在一种相似的关系，喻体之所以可以替代本体，因为它代表了本体的某一特征，提及这一特征，听者就能够推断出所指的实际上是本体（束定芳 2015：179）。转喻的本质是通过最突出、最容易理解、最易辨认的部分代替整体或其他部分。转喻之所以被理解是因为凸显的转喻实体能激活目标体，为理解该目标提供了心理可及。

（三）概念整合

概念整合理论（Conceptual Blending Theory），也称作概念

融合理论、融合空间理论，是第二代认知语言学理论的重要组成部分。Fauconnier 于 1985 年首先提出心理空间理论（Mental Space），心理空间是人们在交际和思考时建构的"小概念包"（conceptual packet），是人们在思考或交流时，为了能够理解语言的意义和组织结构而建构的，包括空间组成成分和结构化的框架及认知模型。它的建立受到语法、语境和文化等因素的制约，与人们的背景知识或长期图式知识密切相关①。主要为当下的临时语言交际服务，主要是在短期记忆中运作的。心智空间的形成有许多来源，包括一组概念域、直接经验、长期记忆中的结构等，在形成确定的心智空间后，就可以被储存在长期记忆。

Fauconnier 在此基础上于 1997 年进一步提出了一种意义建构的理论框架——概念整合理论，这个理论主要是探索意义的整合建构过程。概念整合是多个心理空间的一种普遍的认知操作，概念整合理论的宗旨是揭示言语意义的在线生成（on-line construction），提出言语意义的在线建构来源于心理空间的合成。一般来说，一个典型的概念整合网络涉及如下四个空间：类属空间、两个输入空间和整合空间，这些空间之间能够相互投射成分或结构。

　　类属空间　　　　　（Generic space）

　　输入空间Ⅰ　　　　（Input space Ⅰ）

　　输入空间Ⅱ　　　　（Input space Ⅱ）

---

① 任何表达式的意义都是发话者或受话者心中概念的激活，字面的结构表征不能将交际意图和期待全部表征出来；话语的每个表达形式的意义都不是孤立的、静止的、不变的，话语与话语在互相适应的情况下动态交融便产生了新的意义。参见王正元（2009：12）。

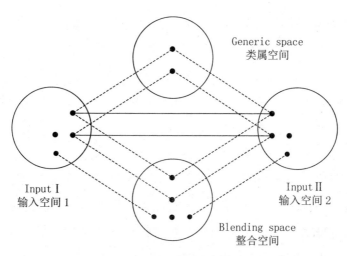

图 4 概念整合的空间关系

整合空间 （Blending space）

Fauconnier & Turner（2002：48）将四个空间的关系通过下图加以说明：

图 4 中，每一个空间相当于一个概念元素的集合体，圆圈内的点代表心理空间中的各种元素。类属空间向两个输入空间映射，反映了两个输入空间中共有的、抽象的组织与结构，包括了该整合网络各空间普遍存在的结构，规定核心跨空间映射。输入空间为其他空间提供关系或结构，两个输入空间的部分结构或关系有选择性地投射到整合空间。整合空间是整合网络的核心所在，它是一个组织和发展相关空间的整合平台，将相关事件整合成一个更为复杂的事件，通过"组合""完善"和"扩展"三种整合运作产生浮现结构（emergent structure），在概念隐喻、转喻等机制的作用下整合产生新的意义，即浮现意义（Emergent meaning）。类属空间、输入空间Ⅰ、输入空间Ⅱ和整合空间通过一系列的映射运作彼此连接，构成了概念整合网络。

概念整合理论的核心是整合，Fauconnier（1997：150）指出，创新结构产生于以下三种整合运作：

组合（composition）：将输入空间的投射组合在一起，产生输入空间不具有的新关系。

完善（completion）：借助认知、文化模型背景框架知识，使整合空间中被激活的模式不断完善，也就是说，当部分结构投射到整合空间时，可能会激活隐性的概念结构图式，被"完善"后进入较大的浮现结构。

扩展（elaboration）：整合空间中的结构可以被精细化加工，这种精细化加工是一种连续整合，根据其自身的层创逻辑进行认知运作，对细节进行无限的扩展。

根据整合网络中的心理空间及投射过程的不同，整合网络主要呈现出以下四种类型：

1. 简域型。在简域型网络中，输入空间Ⅰ由若干元素构成，输入空间Ⅱ只由一个框架组成，框架是知识的、常规的、图式的组织结构。输入空间Ⅰ通过跨域映射将元素投射到输入空间Ⅱ，从而建立了合成空间并产生了新的类别，称为类成现象。简域网可以把不相关的事物进行分类从而产生类（category），为认知提供可能。

2. 镜像型。镜像型网络与简域型网络的不同之处在于镜像型的输入空间Ⅰ和Ⅱ各有自己的框架，且这两个框架是完全相同的，为整合网络里的各空间所共同享有，是通过两个框架叠加产生的新的整合空间，所以称之为类同现象。

3. 单域型。在单域型整合网络中，输入空间都有各自不同的组织框架，但只有一个组织框架被投射到整合空间中，也就是说，整合空间中的框架只能来源于其中一个输入空间。因此，单域型网络的投射是不对称的，运作方式是不平衡的。

4. 双域型。在双域型整合网络中，输入空间也有各不相同的组织框架，并且这些组织框架可同时投射到整合空间之中，在整合空间中，被投射的元素和框架经过概念碰撞（conceptual clash），产生不同于任何输入空间的浮现结构和浮现意义。因此，双域型整合能够解决类型不同的输入之间的冲突。

1.4　语料来源

1. 语料库：a. 北京大学汉语语言学研究中心"现代汉语语料库"（简称"北大 CCL"）。b. 北京语言大学汉语国际教育技术研发中心"汉语语料库"（简称"北语 BCC"）。c. 韩国国立国语院语言信息分享中心语料库。d. 21 世纪世宗语料库。

2. 网络检索：主要利用人民网、中青在线、百度、naver、daum 等搜索引擎进行检索。检索时注意对反映语言现状用例的择取，同时对不规范用例进行剔除。

3. 文学作品：对于汉语和韩语小说、游记、散文集等文学作品中出现的虚拟位移语料，本书作了一定量的选用。

4. 自省语料：本研究的自省语料均经过除了作者以外的两名母语人士的验证，文中未标注出处的均为自拟语料。

5. 相关文献：包括词典和论著中用例。

第二章　虚拟位移表达的界定与分类

2.1　真实位移与虚拟位移

位移可分为真实位移和虚拟位移，"真实位移"指的是物体的空间位置变化；"虚拟位移"指的是说话者的视线移动或心理移动。分类的标准就是根据位移动词的主语有无真实位移，前者是对客观事实的真实描述，后者则是对静态客体进行的虚拟加工。下面对这两种位移句进行对比说明，请看下面的例句：

（1）a. 汽车穿过原野的中心。

　　　b. 高速公路穿过原野的中心。

（2）a. 아이가 남쪽으로 달리고 있다.

　　　b. 고속도로가 남쪽으로 달리고 있다.

例句（1a）和（1b）、（2a）和（2b）中分别使用了相同的位移动词，（1a）和（2a）的移动主体分别是动态的"汽车"及"아이（小孩儿）"，而（1b）和（2b）的移动主体却是静态的"高速公路"和"고속도로（高速公路）"。可见，静态的物体也可以通过位移动词来描述，之所以采用这种"以静写动"的方式来表达，

是因为叙述者将自己作为参照点来观察其他事物，或者通过叙述者的视线移动，对静态客体进行心理扫描。因此，我们把（1a）和（2a）称作"真实位移"，把（1b）和（2b）叫作"虚拟位移"。

通过以上分析可知，虚拟位移是一个物体或一种抽象概念在空间中发生的隐喻化运动，是观察者将自己作为参照点来观察其他事物，或者通过观察者的视线移动，对静态客体进行的心理扫描，是一种物体空间相对位置的表达方式。即通过假想的移动过程来描述在某一空间里延伸物体的形状、位置或走向。如果以"位移"这个概念为核心来区分，那么"真实位移"就是无标记的位移，而"虚拟位移"则是有标记的位移。

位移动词所描述的对象范围很广，而不仅仅限定为"移动的物体"，因为动词本身具有的多义性。但是，本研究中所提到的虚拟位移不同于动词的这一性质，根据原型理论，一个范畴的构成，是以最具代表性的，即最典型的范畴（prototype）为中心，围绕这个原型不断向外扩展而逐步形成，动词和形容词的多义用法就是这样根据原型向外延伸扩展出来的。下面以汉语的"去"和韩语的"가다（去）"为例来说明：

（3）a. 我是吉本。蘑菇生长很好。我正在筹措资金。<u>下月我去北京</u>，送去新生产的蘑菇，请放心。（《人民日报》1994 年）

　　b. 你聪明的，告诉我，为什么我们的<u>日子一去不复返</u>呢？（朱自清《匆匆》）

　　c. <u>秦直道是从南而来，向北而去</u>。而秦驰道是从北而来，向南而去。（徐伊丽《探秘秦直道》）

（4）a. <u>나는 상해에 간다</u>.（《진명신세기 한중사전》）

　　b. 겨울이 가고 봄이 온다.(〈고려대한중사전〉)

　　c. 여기서부터 하동까지 팔십리 길은 강물과 함께 간다.(임지룡 1998：192)

　　例句（3a）和（4a）中的位移动词"去"和"가다（去）"是原型用法，其描述对象是"人"；（3b）和（4b）中的主体引申到时间——"日子""春天"，原型以描述"人"为主体的位移动词"去"将适用范围按照"具体性→抽象性"的语义引申，继而形成了"去"的多义范畴。而例句（3c）、（4c）所描述的主体"秦直道"和"길（道路）"是现实中通常无法移动、也没有发生实际位移的物体，却也使用位移动词"去"与"가다（去）"进行描述，因此，虚拟位移与通常意义上位移动词的引申用法是不同的。

　　此外，虚拟位移也不同于拟人化修辞。"拟人"是指把物（包括物体、动物、思想或抽象概念）比拟作人，使其具有人的外表、个性或情感的修辞手段，即是一种语义扩展机制。如下面的例子：

　　（5）a. 兴安岭是多么会打扮自己啊：青松作衫，白桦为裙，还穿着绣花鞋。（董玲秋《美丽的小兴安岭》）

　　　　b. 经由德宏进入缅甸，一直通往印度及其他国家的古老商道，史称"蜀身毒（印度）道"。它蜿蜒于高山峡谷之中，穿行在悬崖陡壁之间。(《人民日报》1995 年）

　　（6）a. 모든 산맥들이 / 바다를 연모해 휘달릴 때도 / 차마 이곳을 범하던 못하였으리라.（강진호 외〈문학작품 바로 읽기〉）

　　　　b. 도서관 앞에서 정상으로 올라가는 길이 갈려 구불

구불 산복（山腹）을 기어올라가 팔각정 밑에서 꺾여 장충단으
로 내려가게 된다 .（신석초〈시는 늙지 않는다〉）

如例句所示，（5a）将"兴安岭"比作一个"会打扮自己"
的少女，把树木、花草比作少女的着装，是拟人化描写；（6a）
中，通过"바다를 연모해（依恋大海）"可知，无生命的"산
맥（山脉）"被刻画成有情感的有生主体；再观察例句（5b）
和（6b），（5b）把无生命的道路拟人化，将其在山谷中蜿蜒的
形态比拟为在悬崖陡壁间"穿行"；（6b）则是把"길（道路）"
比作人，通过"기어올라가다（爬上去）"刻画出了路的崎岖。
然而，从另一个角度来看，这两个句子虽然都用了拟人化描写，
但它们同时也是虚拟位移句，因为它们描述的句子主体"道路"
和"길（道路）"并没有发生真实位移，但句子却使用了"穿
行""기어올라가다（爬上去）"等位移动词来表达。

由此可见，有些句子从修辞的角度来看是拟人句，从认知
的角度来看是虚拟位移句，这是因为考察的角度不同，二者并
不矛盾。但拟人修辞与虚拟位移不具备包含与被包含的关系，
因为有些句子虽然是虚拟位移句，但并不是拟人句，反之亦然。
综上所述，虚拟位移虽然与位移动词的词义引申及拟人化修辞
有一定的关联性，但是概念系统是不同的。

2.2　虚拟位移表达的视点选择

根据观察的视角不同，位移可分为以下三种：从第三者的
角度观察到的位移、观察者本身的移动、观察者视线的移动
（임지룡 1998：182）。例如：

（7）a. 那些辽民一见，蜂拥而出，邱成金在前面引着，<u>大家直奔辽南矿山跑去</u>。（李文澄《努尔哈赤》）

　　b. <u>推开大长房的门走进去</u>，就是氏族相互间交往的场所，设有一个大火塘和几个睡铺；再往里走便是氏族成员起居饮。（《报刊精选》1994 年）

　　c. 莫斯科的街道呈环形和放射形，<u>一条条林荫大道，一环环自市中心向外延伸</u>。（《中国儿童百科全书》编委会《中国儿童百科全书》）

（8）a. <u>어두운 숲을 향해 달려가면서</u> 내가 형의 이름을 부른 것은 두려움 때문이었고, 우현이 형, 을 외치는 내 목소리가 별로 크지 않은 것도 두려움 때문이었다 .（이승우〈식물들의 사생활〉）

　　b. <u>이화원의 정문을 들어서니</u> 제일 먼저 잘 가꾸어진 정원의 모습이 나타났다 . 겨울이라서 꽃은 물론이고, 나무들도 앙상한 가지만 남아 있었지만 나름대로의 운치가 있었다 .（이종훈 외〈고려대학교 교양 국어 작문 (교육학과)〉）

　　c. 이 자리에 서면 새 아파트 건물들이 여기저기 들어선 정주의 평평한 시가지가 한눈에 들어오고 <u>그 너머로 멀리 전주로 가는 구도 (旧道) 의 산협 (山峡) 이 바라다보인다</u> .（김성우〈문화의 시대〉）

例（7a）的移动主体是"大家"，位移动词为"跑"，例（8a）的移动主体是"나（我）"，位移动词为"달려가다（跑去）"，这两个例句都是从第三者的角度来表达位移事件；例（7b）和（8b）所表达的位移事件，是随着观察者位置的移动而

移动，同样含有典型的位移动词，如"走进去""들어서다（进入）"等；例句（7c）及例句（8c）中，观察者的位置是固定的，但是随着视线的移动，产生了位移，因此使用了"向外延伸""전주로 가다（去全州）"等刻画位移及位移路径的表达。

因此，叙述者对某一场景进行描述时，既可以采用客观观察视角，也可以采用主观观察视角，客观观察视角是以实际的场景为中心进行描述，并且语言表征与现实世界相符；而主观观察视角则包含观察者的主观体验，语言表征有可能与现实世界不相符。虚拟位移是观察者通过视线移动，将静态主体概念化为动态的移动主体，表述中包含了主观成分，采用的是主观观察视角，如果说真实位移描述的场景是与客观实际相符、是无标记的位移，那么虚拟位移描述的场景就是与客观实际不相符、有标记的位移。

2.3 虚拟位移表达的分类

如 1.1 节所述，Talmy（2000a：103-139）根据位移的路径特点，将虚拟位移分为六类：散射型、模式路径型、相对框架型、显现路径型、达至路径型和共延路径型。其中散射型虚拟位移又进一步细分为若干小类。具体分类可总结如下图：

如图 5，散射型虚拟位移可细分为四类：方向路径（orientation paths）、辐射路径（radiation paths）、影子路径（shadow paths）和感知路径（sensory paths），其中方向路径又可分为前景路径（prospect paths）、直线排列路径（alignment paths）、指示路径（demonstrative paths）、目标路径（targeting

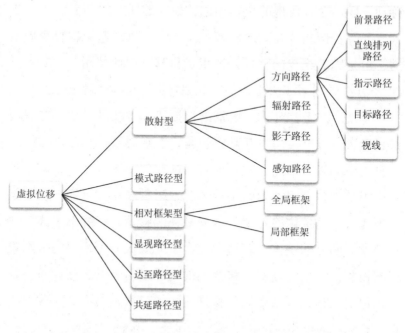

图 5 虚拟位移表达的分类

paths）和视线（line of sight）五类；而相对框架型虚拟位移可
分为全局框架（global frame）和局部框架（local frame）。下面
将具体阐述虚拟位移的六个大类在汉语和韩语中是如何表达的。

2.3.1 散射型

散射型虚拟位移指的是某一无形的物体从源点 ① 出发，这一
无形物体本身是假想的、虚构的，它沿着发散的方向和路径移

---

① Talmy（2000a：117）还提出了决定散射源的认知原则，即"活跃决定原则（active-
determinative principle）"，散射型虚拟位移涉及两个物体，通过这条原则可以确定
哪个是散射源，两个物体中更加活跃或更具有决定性的物体被概念化为散射源。

动，直至到达远端某一物体，这种虚拟移动不依赖任何可见的、有形的事物，也不依赖于任何处在某个位置的观察者。散射型虚拟位移常出现在对光影、声音、气味等物体的描写中。汉语散射型虚拟位移的例句如下：

（9）他伸出食指在舌尖上蘸了蘸，往窗纸上轻轻一按，即化开一小孔。月光顿如一截白棍钻入圆孔，直直地射到北墙上。（廉声《月色狰狞》）

（10）雷声总是隐伏着穿行茫茫天宇，先轻缓后激越，再由激越回归轻缓，好似从冬季或天庭开出的一列战车，赶了很远的路，才由远到近由近到远地到达这里开往远方。（《人民日报》1994年）

（11）远远地，一缕花香钻进五内周身爽透。禁不住抬首一望，只见园中一株玉兰花早于众树凌然绽放，使这早春真的名副其实了。（《人民日报》1994年）

例（9）中，光源是"月"，发生虚拟位移的无形物体为光线，参照物为"北墙"，"钻入"标明位移的路径；例（10）中，声源是"雷"，发生虚拟位移的无形物为声音，"穿行"指明了移动的路径；例（11）中，气味的来源是"花香"，发生虚拟位移的是气味，"钻进"表明移动轨迹。韩语中也有散射型虚拟位移的表达，例句如下：

（12）산아, 우뚝 솟은 푸른 산아, 철철철 흐르듯 짙푸른 산아, 숱한 나무들, 무성히 무성히 우거진 산마루에, 금빛 햇살은 내려오고 둥 둥 산을 넘어 흰 구름 건넌 자리 씻기는 하늘. (이상섭〈문학의 이해〉)

（13）사내의 말꼬리를 자르며 삐르르르, 하고 개천 <u>건너</u> <u>편에서 방범대원들의 호루루기 소리가 날아왔다</u>.（박범신〈토 끼와 잠수함〉）

（14）넓고 높은 하늘이 바로 내 앞을 가로막고 있는 담장 위로는 보랏빛 라일락이 활짝 피어 있고 또 <u>향긋한 꽃 냄새가 살</u> <u>며시 풍겨 오고 있었다</u>.（손춘익〈작은 어릿광대의 꿈〉）

例（12）的发光源是"햇살（阳光）"，发生虚拟位移的无 形物是光线，"내려오다（下来）"表明了位移的路径信息；例 （13）中，声源是"호루루기 소리（哨声）"，即发生虚拟位移 的无形物是声音，动词"날아오다（飞来）"表明了移动的路 径；例（14）中，气味的来源是"향긋한 꽃 냄새（清新的花 香）"，发生虚拟位移的无形物体是气味，动词"풍겨오다（袭 来）"则指明了位移的路径。

2.3.2　模式路径型

模式路径型虚拟位移涉及某一构型发生了空间移动的虚拟 概念化，模式路径型虚拟位移句的字面义描述的是某一排列的 组合物体沿着某一特定路径的移动，但实际上该物体或者是静 止的，或者不是按照所描述的路径移动，而是沿着其他路径移 动①。模式路径型虚拟位移所描述的物体确实发生了某种形式的

---

① 对于模式路径型虚拟位移在英语中的表现形式，Talmy（2002a：129）举例如下：
　　As I painted the ceiling，（a line of）paint spots slowly progressed across the floor.
　　在上述例句中，粉刷天花板的时候，油漆滴在地板上，因此在垂直方向上存 在真实位移，滴在地板上的油漆形成了一个排列组合，随着粉刷的持续进行，从 水平方向上观察，油漆的滴印组合不断向某一方向延伸，这就是模式路径型虚拟 位移。

变化或位移，这种变化和位移是实际发生的，并且形成了一个排列模式，随着真实位移的持续进行，该排列模式也不断扩展，这种不断扩展的排列模式就可通过语言表征为虚拟位移。汉语和韩语模式路径型虚拟位移的例句如下：

（15）湿疹都起到胸口上来了。（陶竹，毛澄怡 2011：119）

（16）첫눈으로 뒤덮인 운동장에서 혼자 걸어가는 어린이 뒤로 길게 뻗어 나가는 발자국.（〈네이버 카페〉）

例句（15）中，湿疹从无到有是在皮肤表面发生的，同时，它们在胸口形成一个排列模式，随着湿疹的不断出现，这个排列模式在水平方向上发生了扩展，例（15）正是对这种扩展进行的虚拟位移描述，句中的动词"起到"表征了该事件场景中垂直方向上的虚拟位移；例（16）中，"발자국（脚印）"的形成是"어린이（小孩儿）"向前行走产生的，即是发生在垂直方向上的真实位移，但通过"길게 뻗어 나가는（长长地延伸）"可知，观察者是从水平方向上对"발자국（脚印）"的排列模式进行描述的，随着小孩儿不断向前走，真实位移持续扩展，脚印的排列也在不断扩展，这一类型即为模式路径型虚拟位移。

2.3.3　相对框架型

相对于一个全局性的参照框架，语言也可以以运动着的观察者为参照，把观察者作为中心来描述同一情景。在这一参照框架中，运动着的观察者被表征为静止的，而观察者周围的静止事物被表征为运动的。一方面，这是虚拟位移的一种形式，实际上处于静止状态的物体被描述成移动的；另一方面，这也是虚拟静止的一种形式，因为实际上运动的观察者被描述成了静止的。因此，相对框架型虚拟位移是基于观察者（observer-based）的位移描述。汉语的相对框架型虚拟位移例句如下：

（17）汽车行驶在市区平坦洁净的路面上，<u>一排排挺拔秀丽的白杨从窗外掠过</u>。（《人民日报》1998 年）

（18）而今，穿行在焦作农村，<u>一座座新兴城镇扑面而来</u>，一百多个小城镇似颗颗明珠镶嵌在滔滔黄河与巍巍太行之间的豫西北大地上。（《报刊精选》1994 年）

（19）我别过头去，满眼是<u>车窗外飞驰而过的静悄悄、冷清清、寂寂寞寞的景物</u>，像我十五年来的心境。（梁凤仪《弄雪》）

由例句（17）可知，观察者处于行驶的"汽车"这一框架里，观察者将"汽车"视为静止物，并以此为参照点，观察窗外的"白杨"，所以，从观察者的视角来看，在客观世界中处于静止状态的"白杨"发生了虚拟移动，观察者将所见的场景描述为"一排排挺拔秀丽的白杨从窗外掠过"；例（18）中，观察者也以自身为参照点，运动着的观察者被表征为静止的，实际静止的"新兴城市"被描述为运动的，即"扑面而来"；例（19）中，观察者把乘坐的车当作参照点，观察车窗外的"静悄悄、冷清清、寂寂寞寞的景物"，"景物"实际上是处于静止状态的，但观察者将其描述为移动的、"飞驰而过"的事物。上述三例中，观察者处于事实运动状态，而被观察物（如白杨、新兴城镇、景物）处于事实静止状态。

韩语中也有相对框架型虚拟位移的表达，例如：

（20）통증의 여운 때문인지, 아니면 하루 종일 버스에 시달리는 피로 때문인지 . 춘천의 외곽 지대를 꾸미는 주택가의 <u>그런그런 풍경들이 차창을 지나가고 있었다</u> . (이인성〈마지막 연애의 상상〉)

（21）큰 오름인 붉은 오름은 남사면에 붉은 흙이 드러나 있어 한라산의 강렬한 야성미를 보여주고, <u>새끼 오름인 족은 오름은 영실로 통하는 길목에서 아주 귀염성 있게 다가온다</u> . (유홍준〈나의 문화유산답사기〉)

（22）가르시아는 기차에서 내려 택시를 타고 교도소를 향했다 . <u>차창 밖으로 스쳐가는 거리 풍경은</u>, 얼른 보기에는 평온을 되찾은 것 같았다 . (정종명〈숨은 사랑〉)

在例（20）的参照框架中，观察者乘坐的汽车被表征为静止的，从观察者的视角看，周围环境，即"풍경들（风景）"在做相对运动；例（21）中，在客观世界里静止的"새끼 오름인 족은 오름（最小的山坡）"被描绘为运动的，即"길목에서 아주 귀염성 있게 다가온다（从路口非常可爱地走过来）"；例（22）的"풍경（风景）"也是客观静止物，但观察者以自身为参照，将其描述成移动的物体。

上述例句体现了相对框架型虚拟位移的建构，处于静止状态的事物被主观地视作移动的，选取运动着的观察者作为参照框架，把观察者本身当作是静止的，其周围的事物可以被视为移动的，如上所述，这与观察者选取的参照框架有关。

2.3.4 显现路径型

显现路径型虚拟位移描述的物体是静止的，这一静止物体被描述为通过动态过程达到现在的位置，或者追溯其出现在当前位置上的过程。显现路径型虚拟位移描述的物体一定是占据了某个固定的空间位置，物体的静止状态是客观事实，但描述的运动或出现过程是虚拟的，观察者在描述某一静止物体的空间位置时，追溯其到达当前位置的出现过程，并将该过程通过语言进行表征。汉语显现路径型虚拟位移的例句如下：

（23）木棉花开的 4 月，广西壮族自治区天峨县，在涛涛红水河中游的悬崖绝壁间，三个扎满钢管架的钢筋混凝土桥墩冲出水面，直向蓝天。(《人民日报》1993 年)

（24）大树长在一堆石块间，因此树干好像插在岩石上似的。树根将石块团团包住，最后才伸入泥上。(詹姆斯·莱德菲尔德《塞莱斯廷预言》)

（25）中午 12 时半，视线中的天空开阔起来，天空下闪出一片高低错落、白墙红檐的多层楼房屋舍。这里即是中缅边境的弹丸之地片马了!(《人民日报》1996 年)

如例（23）所示，"桥墩"本身已经占据了一定的空间位置，在水中呈竖立的状态，而该句用"冲出"表征想象中"棕榈树"经过了位移到达现在所处的位置；例句（24）的"树根"与"石块"都是客观静止物体，具有相对固定的空间位置，但通过动词"包住"可知，观察者追溯了"树根"达到"石块"周围的运动过程，这个过程是假想的，位移是虚拟的，表达目的是刻画二者的相对位置关系；而例句（25）中，"一片高低错落、白墙红檐的多层楼房屋舍"也处于静止状态，通过动词"闪出"可知，观察者在描述这一场景时，想象其出现在当前位置的过程，将"楼房宿舍"描述成了虚拟位移的主体。韩语显现路径型虚拟位移的例句如下：

（26）나무들은 제 본래의 색으로 피어나 숲을 이루고 숲들은 제 본래의 색으로 산을 이루어, 수많은 수종（树种）의 숲들이 들어찬 지리산은 초록의 모든 종족들을 다 끌어안고서 구름처럼 부풀어 있다.（유홍준〈나의 문화유산답사기〉）

（27）굽이굽이 돌아들어가는 장곡을 지나 송현（松岘）을 넘어서니 낙동강 상류의 연수（烟树）어린 한 조용하고 고운 별구역이 튀어 왔다.（유홍준〈나의 문화유산답사기〉）

（28）목탄버스는 언덕을 넘고 산허리를 감돌며 평지로 나가기도 했다.굽이굽이 돌아가며 굽이굽이 나타나는 들판, 보리밭이 푸르렀다.（박경리〈토지〉）

例（26）的"숲들（森林）"是处于静止状态的物体，但观察者通过动词"들어차다（挤满）"将其描述为通过动态过程达到现在的位置，以动写静，刻画了它与"지리산（智利山）"的相对位置关系；例（27）"별구역（特别区域）"是占据一定空间位置的静止物体，但观察者却将描述为出现在该位置的动态过程，并通过"튀어오다（跳出来）"进行表征；例（28）的"들판（田野）、보리밭（大麦田）"也是客观静止物，但动词"나타나다（出现）"却描述了它们出现在当前位置的过程。

2.3.5　达至路径型

达至路径型虚拟位移也是描述某一静止物体所处的位置，描述方式是通过其他物体接近这一静止物体的运动轨迹，以此来确定其空间方位。事实表征是静止物体，没有任何物体沿着所描述的轨迹接近这一静止物体；虚拟表征是某一物体沿着所述路径接近静止物体，这里的移动也是虚拟的、假想的。接近静止物的实体虽然在句中没有明示，但常被想象成为某个人、人身体的某个部分或某一个人的注意力焦点。汉语达至路径型虚拟位移的例句如下：

（29）<u>出京城向北 200 公里，穿过明代古长城</u>，便是河北省滦平县，该县紧邻北京市的密云、怀柔两县。(《人民日报》1995 年）

（30）<u>出兰州，向西翻过乌鞘岭</u>，一马平川的河西走廊就会<u>出现在您的眼前</u>，全长九百多公里的 312 国道横贯全程，汽车可以一百公里的时速穿行，全无在城市驾驶的窘迫和无奈。(《人民日报》1998 年）

（31）再一个沟口是在东北，<u>顺此口逃出，沿一带黄花松密林，可直达夹皮沟</u>。这些长大的暗沟，匪徒们称为流水沟，意思是情况紧急，即可顺沟像流水一样逃窜。（曲波《林海雪原》）

例句（29）描述的是"河北省滦平县"所处的位置，叙述者通过一条虚拟的位移路径进行刻画，即某一假想物体接近"河北省滦平县"的运动轨迹："出京城向北 200 公里，穿过明代古长城"，接近目标的运动路径并非真实的，而是虚拟的；例（30）要表达的是"河西走廊"的空间位置，叙述者假想某一物体不断向目标"河西走廊"接近，刻画出一条虚拟位移路径，即"出兰州，向西翻过乌鞘岭"；例（31）的虚拟位移路径是某一物体以"夹皮沟"为目的地，通过其到达该处的位移过程刻画出"夹皮沟"所处位置，虚拟位移轨迹是"顺此口逃出，沿一带黄花松密林"。韩语中也有达至路径型虚拟位移表达，例句如下：

（32）점점 넓어지는 강을 따라서 더 아래쪽으로 내려가고 싶으면 김포대교를 건너 자유로 방향을 따라서 경기 파주군 교하면의 오두산 통일전망대까지 가면 된다.（김훈〈자전거 여행〉）

（33）이 길로 쭉 가면 사거리가 나와요.사거리에서 오른쪽으로 가면 바로 동대문시장입니다.（〈기초한국어 1〉）

（34）방향은 이 길이 맞아."이 길만 계속해서 따라가면 동대구역이 나타날 거야."하고 아저씨는 바쁜 듯이 가버렸다.（손춘익〈작은 어릿광대의 꿈〉）

例（32）中，"통일전망대（统一瞭望台）"的空间位置是通过叙述者描述的一条虚拟位移路径表达出来的，即"김포대교를 건너 자유로 방향을 따라서（过金浦大桥沿着自由路方向）"；例（33）要描述的是"동대문시장（东大门市场）"所处的位置，通过假想某一物体沿着某一路径达到目的地，这一路径被描述为"이 길로 쭉 가면 사거리가 나와요.사거리에서 오른 쪽으로 가면（顺着这条路一直走有一个十字路口，在十字路口向右拐的话）"；例（34）的"동대구역（东大邱站）"的位置也是通过虚拟路径"이 길만 계속해서 따라가면（只要沿

着这条路一直走的话）"来描述的。这里真实认知表征是某静止物体的空间位置，虚拟认知表征是某一假想物体的接近某一静态物体的位移过程。

2.3.6　共延路径型

共延路径型虚拟位移描述的是具有空间延伸性的物体，描述方式是通过一条其延伸范围内的路径来刻画该物体的形状、方位或走向。其中事实表征是物体静止，并且没有任何物体沿着被描述的路径移动。虚拟表征是某一物体沿着该物体的构型进行移动。虽然进行虚拟移动的物体没有明示，但一般想象为观察者，或是观察者注意的焦点。汉语共延路径型虚拟位移的例句如下：

（35）扎墨公路北起波密县扎木镇，翻越海拔 4280 米的嘎龙山，穿过嘎龙藏布、金珠藏布河谷的复杂地质带，再沿雅鲁藏布江东岸南下至墨脱。(《报刊精选》1994 年）

（36）列车匍伏爬行在凌江而架的高桥上，从车窗向下望去一根根桥柱由粗变细笔直地扎向江心，江水在翻滚在柱与柱之间横流，远处无尽的江水源源而来。(王朔《玩的就是心跳》)

（37）公路沿着拉萨河蜿蜒前伸，河水清澈见底，远处可见一些藏民的毡房，屋顶上插着飘扬的经幡；路边的山壁上，不时可以见到栩栩如生的神像壁画，让人感受着藏传佛教的独特魅力。(明月百年心《重生之凤凰传奇》)

例（35）中"扎墨公路"的空间跨度起于"波密县扎木镇"，经过"嘎龙山""嘎龙藏布、金珠藏布河谷"，沿"雅鲁藏布"，止于"墨脱"，位移动词"北起""翻越""穿过""南下"、介词"沿""至"等将其表征为位移发生的路径并表征位移行为；例句（36）描述的是"桥柱"的空间位置，观察者的注意焦点从上至下沿着"桥柱"移动，所以这种移动通过语言表征为虚拟位移，即"一根根桥柱由粗变细笔直地扎向江心"；例句（37）中，"公路"是客观静止物，其空间方位通过观察者视线的移动，以虚拟位移的方式表达出来，即"沿着拉萨河蜿蜒前伸"。韩语共延路径型虚拟位移的例句如下：

（38）눈이라도 왔으면 싶었는데 궁상맞은 겨울비가 끝도 없이 내리고 있었다. 잎새가 몇 개 남지 않은 나무들이 삼층 창문 위로 뻗어올라 있었다.（김영현〈해남 가는 길〉）

（39）그 사이사이로는 여러 가지의 양치식물이 기어올라 얼크러져 있어서 실로 기이한 풍치를 이루어 가지고 있다.（함석헌〈역사와 민족〉）

（40）오르면 오를수록 이 수직의 기암들이 점점 더 하늘로 치솟아올라 신비스럽고도 웅장한 모습에 절로 감탄이 나온다.（유홍준〈나의 문화유산답사기〉）

例（38）的叙实表征是"나무들（树林）"是一个具有空间延伸性的静止物体，在空间中具有特定的外形轮廓、走向和方位，虚拟表征是观察者的注意焦点沿着树的方向前进，前进方向是"삼층 창문 위（三楼窗上）"；例句（39）描述的是"양치식물（羊齿植物）"的空间方位，观察者的视线沿着其延伸方向移动，虚拟位移描述为"여러 가지의 양치식물이 기어올라（各种各样的羊齿植物爬上去）"；例句（40）描述的是

"기암들（奇岩怪石）"的空间位置，虚拟位移的路径是向背衬"하늘（天空）"的方向进行移动。

2.4 小结

位移可分为真实位移和虚拟位移，真实位移指的是物体的空间位置变化；虚拟位移指的是说话者的视线移动或心理移动。分类的标准就是根据位移动词的主语有无实际移动，前者是对客观事实的真实描述，后者则是对静态客体进行的虚拟加工。如果以"位移"这个概念为核心来区分，那么"真实位移"就是无标记的位移，而"虚拟位移"则是有标记的位移。

虚拟位移描述采用的是主观观察视角，是观察者将自己作为参照点来观察其他事物，或者通过观察者的视线移动，对静态客体进行的心理扫描，是一种物体空间相对位置的表达方式，即通过假想的移动过程来描述在某一空间里延伸物体的形状、位置或走向。对于散射型、模式路径型、相对框架型、显现路径型、达至路径型和共延路径型等六大类虚拟位移，汉语和韩语中都存在相应的表达。

第三章 汉韩虚拟位移表达的概念要素编码

3.1 主体要素的编码

在真实位移事件中，位移主体具有［＋自主移动］的语义特征，而虚拟位移事件中，位移主体具有［－自主移动］的语义特征，因此位移主体的范畴化程度对位移事件起着至关重要的作用，位移主体作为虚拟位移的描述对象，是位移事件表达中一个非常重要的指称成分。在以往的研究中，"可通行性"和"不可通行性"[①] 一直被看作是虚拟位移主体分类的重要标准，Matsumoto（1996b：184）指出，"可通行性"是指某一物体能够支持人或物的运动，一般来说是指人或交通工具运行的场所、载体或设施，如"公路""铁路"等[②]，而"不可通行性"指的是

---

① Rojo & Valenzuela（2009）通过心理语言学实验，发现相比于虚拟位移句中"可通行性"的主体，人们加工"不可通行性"的主体花费的时间更长，认知抽象度更高，因为在观察"不可通行"的主体时，不能像"可通行"主体那样通过随之运动的人或物进行观察，只能通过观察者自身的视线自主移动，自主比非自主更"费脑子"。
② 一般来说，可通行的位移主体都是运动的场所，这类实体很容易通过概念转喻激活运动图式，正如"水开了"转喻为"壶开了""油漆在剥落"转喻为"墙在剥落"，相关或者相对运动的物体可以通过转喻互相激活，从而引发虚拟位移构建，因此，这类主体在虚拟位移句中很常见。

某一实体不承载人或物体的运动，即并非（发生）运动的常规场所，如"山脉""树枝"等①。

本研究认为，"可通行性 / 不可通行性"这个划分标准并非唯一的标准。对于位移主体的分析还可从组合形式、指称特征、位移事件范畴化与及物性特征等角度予以深入，因此，对于汉韩语虚拟位移主体的特点，尚可从更多角度来考察。这一节将从主体的分类与表现形式、指称特征与语篇推进模式、空间维度特征与认知心理等三个角度做进一步探讨。

3.1.1　主体的分类与表现形式

（一）单一型主体

单一型主体指的是句子描述的主体只由一个物体来充当，观察者的视线焦点比较集中，只关注某一物体，一般这类物体本身具有空间延展性的特点，汉语例句如下：

（1）豪宅四周围着铁丝网，<u>一条小路</u>盘旋而上直抵小山顶，小山顶上的两层建筑才是马吉德本人的住处。（新华社 2003 年 4 月份新闻报道）

（2）望望山那边，跟他来的路上一样，是<u>一片苍苍莽莽的大地</u>，伸展开去，似乎无垠无极。（茹志鹃《剪辑错了的故事》）

（3）<u>这条铁路</u>两次跨大连湾，一次跨过大窑湾，还穿过一

---

① Matsumoto（1996b: 214）还指出，一些不可通行的位移主体如："墙壁、篱笆"等不能进入日语的虚拟位移句中，而英语却没有这样的制约，晏诗源、李秋杨（2013: 25）认为，汉语和英语在位移主体［+/– 通行性］的特征要求是一致的，"赤道、日界线、铁门、顶棚、墙壁"等不可通行性实体均可作为位移主体出现在虚拟位移表达中。

座山，其地质情况被称为"博物馆"。(《人民日报》1995 年)

（4）<u>巍巍安第斯山脉</u>贯穿整个南美洲，进入智利境内，由北向南一直伸展到麦哲伦海峡，气势磅礴。(《人民日报》1996 年)

上述例句中，虚拟位移主体分别为"一条小路""一片苍苍莽莽的大地""这条铁路""巍巍安第斯山脉"，它们的共同点是都具有狭长的形状特点和空间的延伸性，并且它们都是作为一个单一的整体被感知的，因此是单一型主体。这类主体在韩语中也很常见，例如：

（5）당국은 공사기간 단축, 비용절감, 환경보호 등을 내세우고 있지만 그런 것은 논쟁의 대상도 되지 않는다 . <u>이 순환도로</u>가 굴을 뚫고 지나가면 민족정기를 자른다 .(〈조선일보〉2000 년)

（6）불타산은 깊은 산이요 멀리 달마산 (达摩山) 까지 <u>그능선이</u> 백여 리에 잇닿아 있었다 .(황석영〈장길산 3〉)

（7）잘 다듬어진 정원과 한옥채가 옹기종기 들어앉은 1400여 평 터 둘레에 4 층 높이 <u>콘크리트 건물이</u> 솟아오르고 있다 .(〈한겨레신문〉2001 년)

（8）말끔히 단장된 <u>아스팔트 길이</u> 시 중심지를 향해 쭉 곧게 뻗어 있고, 이층 삼층 오층 이런 빌딩들이 잇따라 서 있고, 어느 상점이나 커다란 유리문이 달려 있었다 .(손춘익〈작은 어릿광대의 꿈〉)

上例中描述的主体分别为"이 순환도로 (这条环形道路)""그 능선 (那山脊)""콘크리트 건물 (混凝土建筑)"

和"아스팔트 길（柏油路）"也是作为一个整体被识解的。

以上例句的主体从广角观察，都具有空间延展性的特点，这个特点支持观察者沿着某一维度对其进行视线扫描^①。如例（1），通过观察者视线的移动，关于"小路"这个虚拟位移事件的一系列状态被连续而短暂地激活了，随着视线不断上移，位移事件的状态不断被激活，而每激活一个状态，其前一个状态就开始衰退，观察者随事件的展开从一个状态扫描到下一个状态，其他例句亦是如此。这种扫描是一种聚焦的方式，通过虚拟位移的表达反映在语言表层，将静态场景添加了动态特征。此外，有一类位移主体值得关注，请参看例句：

（9）弯弯曲曲的于都河宛如一条飘动的白练，缠绕在赣南红土地的山山壑壑之间。（《人民日报》1996 年）

（10）古老的洹河，这条商王武丁盘庚迁殷时所看中的河，像一条奔腾的巨龙，横穿河南省安阳市区蜿蜒东去。（《报刊精选》1994 年）

（11）赤水河从深深的峡谷中奔涌而出，缠绕着沧桑岁月，留下几多神秘。（《人民日报》2000 年）

（12）昔日婀娜多姿的广西山水，在今年"94·6"特大洪涝时一改往日温柔，铺天盖地的豪雨使之变成泽国，江河冲出堤岸，一路咆哮，所经城镇、乡村，无不遭受巨大灾害，其中柳州和梧州大水漫城的电视报道令国人震惊。（《报刊精选》

---

① 扫描（scanning）这一图式由与运动有关的一系列概念化过程所组成，既可以理解为物理空间上的运动，也可以理解为概念空间上的一个质的变化或运动。所涉及的是动体（trajectors）和地标（landmarks）。参见束定芳（2015：128）。

1994 年）

例句的位移主体都是河流类物体，虽然此类河流、溪水等物体具有［＋流动性］［＋位移性］的语义特征，但并不能就此判断：由此类物体充当主体的位移句都是真实位移句。如例句（9）、（10）的位移主体分别是"于都河""洹河"，但通过句子的描述可知，观察者注意或聚焦的并不是河里流淌的水，而是河道的空间走向，视线重点关注静态的河道迂曲变化，采用河水转指河道的转喻认知机制，因此例（9）和例（10）是虚拟位移句。而在例句（11）和例句（12）中，观察者的观察对象分别是"赤水河"及"河流"的河水，因为只有"河水"才能"奔涌而出""冲出来"，视线重点关注动态的河水位移特征，实现的是河水自身的语义功能，所以这两句是真实位移句。韩语例句中也有类似的现象，例如：

（13）아마존 강은 남아메리카 북부를 가로지른다 .（〈교학사 중한사전〉）

（14）황하는 이로부터 동북쪽으로 비스듬히 뻗었다 .（〈진명한중사전〉）

（15）강이 굽이굽이 산을 감돌아 흘렀다 .（〈교학사 중한사전〉）

（16）강물이 남실남실 동으로 흘러간다 .（〈진명한중사전〉）

例句（13）、（14）的位移主体分别是"아마존 강（亚马孙河）"和"황하（黄河）"，通过位移动词"가로지르다（横穿）"和"뻗다（伸展）"可知，观察者描述的重点在于河道的走向及空间方位，而并非河水，因此例句中的位移仍然是观察者视线的移动，是虚拟位移；但例（15）和例（16）的位移

主体"강（江）"与"강물（江水）"则不同，两个例句分别采用动词"흐르다（流淌）"和"흘러가다（流走）"来描述，由此可知，观察者的观察对象为流动的江水，因此属于真实位移句。

可见，河流类主体有别于"山路""铁路"等主体，在描写静态场景的语境中，河流类主体的［＋动态性］［＋真实位移］等语义特征均受到静态场景语境的抑制，表现为虚拟位移，即河流类主体作虚拟位移时为有标记，作真实位移为无标记；而"山路""铁路"等主体都是无标记的虚拟位移主体。综上，当河流类物体充当位移主体时，要根据观察视角与认知机制来判断其是真实位移还是虚拟位移，不可一概而论。

（二）复合型主体

复合型主体是指虚拟位移描述的对象由多个主体来充当，复合型位移主体又可分为组合式和叠加式。组合式主体指的是多个主体组合在一起，共同作句子的主语。此时，观察者的注意力焦点同时放在几个主体上，一般它们在空间方位及走向上具有较高的相似度，因此可以支持观察者同时对多个观察对象进行视线扫描。例如：

（17）山劈路的剑阁、梓潼和青川三县路段，152座总长20公里的桥面跨越深沟险壑和滑坡地段，道道银灰色的长桥缠绕在川北片片翠柏林间，显得格外壮美。（新华社2002年12月份《新闻报道》）

（18）黄颜色的道路、锃亮的火车轨道以及蓝色的运河像丝带一样在城市和村落间蜿蜒向前，林切平市围绕着大教堂铺展

开来，就像珍珠饰物围着一块宝石，而乡间的院落则像小巧的胸针和纽扣。（塞尔玛·拉格洛芙《尼尔斯骑鹅历险记》）

（19）因为 321 国道、平银省道、宝中铁路都蜿蜒、交会并穿过这个自古闻名的"萧关"。（《报刊精选》1994 年）

（20）一条条青石板小径通向草坪中青石板铺就的平台，平台上有长椅，长椅上有老人，老人在沐浴西下的太阳。（电视电影《新结婚时代》）

例句（17）中，观察对象并不是单一的"一道长桥"，而是由"道道长桥"即多个相同主体结合而成的，在观察者眼中，这些"长桥"具有相似的形状特点、空间位置及走向，是同类型物体的组合，虽然此类虚拟位移句描述的对象较多，但观察者依然能同时识别并对其进行视线扫描；例句（18）的位移主体"道路""火车轨道"及"运河"虽然看似是各不相同的主体，但是它们有共同特点：狭长型、可延伸性，也具有共同的虚拟位移特征，即"蜿蜒向前"，因此它们也是同类型物体的组合；例（19）的主体是"321 国道""平银省道"和"宝中铁路"三个不同物体的组合；例（20）"一条条青石板小径"也是由多个"小径"组合而成的。在韩语的虚拟位移中，也有此类主体，例如：

（21）서부에는 로키 산맥과 해안 산맥이 솟아 험준한 산지를 이루며, 동부의 래브라도 반도에도 애팔래치아 산맥이 이어져 낮은 산맥이 뻗어 있다.（〈계몽사학생백과사전〉）

（22）서해 지도를 보면 요동반도와 산동반도가 툭 튀어나와 바다를 감싸고 있다.（송기호〈발해를 찾아서〉）

（23）그 광장에서 동·서·남·북으로, 그리고 그 사이

사이로 또 4 개의 가로가 갈라져 결국 도합 <u>8 개의 가로가</u> 방사선형으로 죽 뻗어 있는 것을 보게 된다 . (임순녝〈읽고 떠나는 국토순례〉)

（24）겨울인데도 새파란 동백나무 가로수가 싱싱하기만 했고 야자수 비슷한 <u>나무들이</u> 쭉쭉 뻗어 있는 것이 완전히 이국적인 분위기였다 . (김현희〈이제 여자가 되고 싶어요 2 〉)

例（21）和例（22）的位移主体分别是由两个物体组成的，即 "로키 산맥과 해안 산맥（落基山脉和海岸山脉）" "요동반도와 산동반도（辽东半岛和山东半岛）"；例（23）的 "8 개의 가로（8 条街道）" 和例（24）的 "나무들（树林）" 则显示出位移主体的数量更多，它们都是典型的组合型主体。

此外，还有一类叠加式复合型主体值得关注，叠加式主体指的是多个同类或相似的物体叠加，共同构成一个虚拟位移主体。例如：

（25）<u>一个个威严的界碑</u>，拉出一条无形的国境线，穿过原始森林，跨过大河小溪，蔓延 8000 里。（《报刊精选》1994 年）

（26）工作的老专家日前乘飞机外出，从高空俯览大地，只见郁郁葱葱、<u>大大小小的果园</u>连缀起来，宛如一条绿色项链，横亘在渭北高原之上。（新华社 2001 年 4 月份新闻报道）

（27）火车驶过开阔平坦的大草原，他们看见<u>一排排的电线杆</u>穿过田野通向芝加哥。（德莱塞《嘉莉妹妹》）

（28）桥面为大麻石，直通堡门，<u>十二级青石阶</u>直伸上去，堡里有三街六巷，俨然一个小小的城镇派头！（柳残阳《竹与剑》）

例句（25）的位移主体是由多个 "界碑" 组成的一条线，

观察者的观察对象并不是每一个界碑的本身，而是它们叠加后排列成的一个线性主体；例（26）的位移主体也是由多个"果园"连接而成的"宛如一条绿色项链"的主体；例（27）的主体是由多个"电线杆"叠加而成的线性主体，虽然电线杆在垂直方向上具有空间延展性，但我们关注的是它们组合在一起后，水平方向上的空间特征；例（28）亦是如此，观察者的注意焦点是由"十二级青石阶"叠加而成的整体。

　　从远距离观察，这类物体具有共同的特点，即都是由多个单一物体排列而成的线性主体，是多物体叠加而成的，实际上无异于"一条铁轨"或"一条道路"，因为它们都具有［＋空间延展性］及［＋狭长性］的语义特征，所以这类主体可以进入虚拟位移句。这类位移主体也常出现在韩语虚拟位移句中，例句如下所示：

　　（29）환태평양 조산대의 일부로 높이가 4000 m 를 넘는 봉우리들이 산맥을 이루어 섬 북부에 동서로 뻗어 있다.（《계몽사 학생백과사전》）

　　（30）자갈이 깔린 거리에서 성벽 위로 여러 개의 계단이 올라간다.（《네이버사전》）

　　（31）인구 430 만으로 엄청나게 불어난 서울의 주택은 교외로 교외로 뻗어나고 있지만 그래도 모자란다.（신석초《시는 늦지 않는다》）

　　（32）당초문은 물론 일찍이 이집트에서 발생되었을 것으로 보이는 범세계적 문양이며, 덩굴풀의 줄기가 중심 요소로 되어 꽃과 꽃망울, 잎 등이 서로 연결되어 비꼬여 뻗어나가는

형상이다 . (이종석〈 한국의 목공예 (상) 〉)

例（29）的位移主体是由多个"봉우리（山峰）"组成的一道"산맥（山脉）"；例（30）则是多个石阶组成的一段"계단（阶梯）"；例（31）的虚拟位移主体则是很多"주택（住宅）"形成的一个线性排列；而例（32）中，"덩굴풀의 줄기（蔓草的茎）""꽃과 꽃망울（花和花骨朵）"与"잎（叶子）"等连接在一起而构成的线状主体。通过以上例句可知，观察者在观察叠加型主体时，注意力焦点并不在单个物体上，而是集中在物体叠加之后形成的整体上，关注的是这个整体的空间位置及走向。

3.1.2　指称特征与语篇推进模式

对虚拟位移主体进行考察的一个重要的语用参项是指称类型，语篇中虚拟位移主体首次出现时，既可以采用定指形式，也可以采用不定指形式，二者在语用功能和语篇叙事模式上存在一定的差异。指称特征也是虚拟位移主体的一个重要的语用参项，根据陈平（1987：110），发话人使用某个名词性成分时，如果预料受话人能够将所指对象与语境中某个特定的事物等同起来，能够把它与同一语境中可能存在的其他同类实体区分开来，那么该名词性成分为定指成分，相反，发话人在使用某个名词性成分时，如果预料受话人无法将所指对象与语境中其他同类成分区分开来，我们称之为不定指成分。虚拟位移主体一般由名词性成分来充当，它首次出现在语篇中时，会使用不同的指称形式，这些指称形式可分为定指和不定指等两大类。

（一）定指型主体

语篇中首次出现的虚拟位移主体可通过以下几种定指形式来表达：专有名词、带领属性定语或限定性定语的名词性成分。首先来看专有名词是如何表达定指型主体的，例句如下：

（33）扎墨公路北起波密县扎木镇，翻越海拔 4280 米的嘎龙山，穿过嘎龙藏布、金珠藏布河谷的复杂地质带，再沿雅鲁藏布江东岸南下至墨脱。（《报刊精选》1994 年）

（34）在见惯了高山流水的德宏人眼里，三台山实在算不了什么，可一到泼水节，寂静的山谷就开始热闹起来。320 国道在山间盘旋而上，大清早，公路上的车辆排成了队。（《人民日报》1998 年）

（35）1 번 국도가 프놈펜을 향해 달리다 마침내 멈추는 곳이고 시장 앞은 1 번 국도를 따라 동쪽으로 향하는 모든 종류의 교통편이 손님을 기다리는 곳이다.（유재현〈메콩의 슬픈 그림자 인도차이나〉）

（36）장항선이 지나는 곳에 있어 교통이 편리하고, 남쪽에는 금강 어귀에 자리잡은 군산, 장항의 상공업 지대가 있다.（〈계몽사학생백과사전〉）

上述例句中的位移主体"扎墨公路""320 国道""1 번 국도（1 号国道）"和"장항선（长项线）"都是专有名词，它是现实世界特定的、唯一的指称对象，因此是定指性① 较强的主体。

---

① 名词所涉及的是对客观世界的描述与指称，专有名词相较于普通名词的确定性相对稳定，其所指称的对象无论是真实的、现实世界的，还是虚拟的、可能世界的，在认知中相对容易被激活，所以专有名词表现出较强的定指性。

（37）月河公园，波光粼粼，曲折蜿蜒；<u>广播电视大楼的铁塔</u>直插霄汉。西望高耸入云的南北双闸，滔滔运河水如玉带卧龙，横贯东西，水天一色。(《人民日报》1995 年）

（38）远远望去，<u>好望角的山峦</u>，绵延起伏，映现在天际，一片片阴郁的浓云，在天幕上缓缓飘移，就像从火山上喷吐出来的巨大烟云，久久不散……(《人民日报》1996 年）

（39）또 하나는 지붕을 입면으로 볼 때 <u>처마끝의 선</u>은 지붕 각변 중앙에서 좌우로 약한 곡선으로 시작하여 점차 끝으로 갈수록 심한 곡선으로 휘어져 올라간다.(김영자〈한국의 복식미〉)

（40）강을 따라 출렁거리며 바다 쪽으로 흘러내려오는 <u>지리산의 연봉들</u>은 점점 더 넓게 품을 벌려서 화개나루를 지나면 강의 굽이침은 아득히 커지고, 굽이침의 안쪽으로 넓고 흰 모래톱이 드러난다.(유홍준〈나의 문화유산답사기〉)

例（37）和例（38）的光杆名词"铁塔""山峦"所带的定语分别是"广播电视大楼的""好望角的"，都是领属性定语；例（39）的"처마끝의 선（屋檐的线条）"和例（40）"지리산의 연봉들（智利山的山峰）"也是带有领属性定语的位移主体。领属性定语具有强烈的定指性质，带有这类定语的名词性成分一般作定指理解（陈平 1987：116），因而以上例句中的主体都作定指性理解。

（41）<u>新发现的巴山巅峰上的万亩大草原</u>，距岚皋县城 47 公里，横亘于东经 108 度、北纬 32 度，海拔 2300 至 2540 米之间……(《人民日报》1998 年）

（42）<u>市区至国际机场 75 公里的高速公路两旁新安装的明</u>

亮路灯，在夜色中犹如一条金色巨龙蜿蜒前行，构成了吉隆坡夜景中一道新的风景线。(2003 年 2 月份新闻报道)

(43) 공덕동에서 당인리와 용산을 향해 양쪽으로 뻗어나<u>간 기차길</u>, 벼랑창에서 저만큼 멀리 보이는 한강 철교를 건너 기적을 울리며 어디론가 달려가는 칙칙폭폭 기차, 여름날 한줄기 소나기가 쏟아진 다음 남산 쪽 서울 하늘에 내걸리고는 하던 시원스러운 무지개, 코스모스가 뒷산에 흐드러지던 가을의 하얀 구름. (안정효〈헐리우드키드의 생애〉)

(44) 마을의 동쪽에 노고봉 (573.6 m), 정광산 (563 m) <u>등으로 이어지는 높은 산맥이 솟았으며</u> 이 산지에서 발원한 갈담천이 마을 앞을 지나 서쪽으로 흘러 경안천에 합류한다. (최영준 외〈용인의 역사지리〉)

例 (41) 的 "万亩大草原" 所带的定语是 "新发现的巴山巅峰上的"；例 (42) 中画线部分的 "明亮路灯" 所带的定语为 "市区至国际机场 75 公里的高速公路两旁新安装的"。这类定语限定性强且具体，起到了增强中心语的定指性质的作用[①]；同样，例 (43) 的 "기차길 (火车道)" 和例 (44) 的 "산맥 (山脉)" 本身不具有定指性，但修饰语 "공덕동에서 당인리와 용산을 향해 양쪽으로 뻗어나간 (从孔德洞向唐仁里和龙山两侧延伸的)" 和 "마을의 동쪽에 노고봉 (573.6 m), 정

[①] 定语是用来限制核心名词的外延，定语的成分越多，核心名词的指称外延就会进一步缩小，成为原来核心名词的一个子集和下位范畴，进而可以帮助听话人识别这一对象。通过增加定语信息而具体化为有定，这里所谓的 "具体化" 就是增加语法成分的信息量，其目的是增加实体的可辨认度 (identifiable)，使之获得存在指称力。参见曹秀玲 (2005: 83)。

광산（563 m）등으로 이어지는 높은（在村庄东边连接卢高峰［573.6 m］和正官山［563 m］的高高的）"是非常具体的定语，具有很强的限定性，大大增强了中心语的具体性，因此，例句中的位移主体是定指型主体。

（二）不定指型主体

虚拟位移主体首次出现在语篇中时，可以通过以下形式来表达不定指义：光杆名词、"数量名"结构和"有 +（数）量名"结构。其中，光杆名词的例句如下：

（45）街道沿着浓绿的树墙一直伸向远方，在温暖的夏风中，飘来阵阵草香。（川端康成《生为女人》）

（46）二楞子说的不错，洞道一直向河岸上斜伸上去，而且洞道越向内越宽大。（秦红《金锁劫》）

（47）山道随着白马雪山蜿蜒的腰骨盘曲而下，你的左侧边接临着约莫两百米高的断崖，悬崖下是仰天树海密布的针网，右侧则紧靠着一面险嶙峋的绝壁。（谢旺霖《转山》）

（48）마을이 강가에서 형성되기 시작하여 이제는 내륙쪽으로 뻗어나가 넓이 400 km², 인구 60 만 명을 지닌 원동의 수도로 성장하였다.（송기호〈발해를 찾아서〉）

（49）고압선이 머리 위로 지나가는데도 우리 산동네에서는 여전히 촛불이나 호롱불을 켜고 살았다.（최인석〈아름다운 나의 귀신〉）

（50）철길이 차도와 멀어지며 시커먼 암흑의 문 속으로 뻗쳐들었다.（이인성〈마지막 연애의 상상〉）

例（45）的"街道"、例（46）的"洞道"和例（47）的

"山道"是作者首次把位移主体引入文中，把它们作为一个新事物介绍给读者，读者不能根据有效语言信息，将它们与其他同类事物区分开，所以作不定指理解；例句（48）、（49）和（50）的虚拟位移主体分别为"마을（村庄）""고압선（高压线）"和"철길（铁路）"，也是名词的光杆形式，指称不定指型主语。除了光杆名词，在汉语中"数词＋（量）＋名词"结构也可以表达不定指义，例如：

（51）我们一行来到这个开发区，<u>两条大道</u>南北贯穿，开发区负责人介绍，8年来，开发2.4平方公里，产生效益的只有1.4平方公里。（《人民日报》1993年）

（52）它裸露着岩石，没有绿地，没有大树，<u>一道城墙</u>沿着岛屿弯曲伸展，把小岛箍得严严实实的。（《人民日报》1994年）

例（51）和例（52）的"两条大道"和"一道城墙"都是"数词＋量＋名词"结构，是作者首次把位移主体引入文中，并且受话人无法将所指对象与语境中其他同类成分区分开来，因此作不定指理解。熊岭（2017：44）指出，不定指成分之所以无法确定，是因为对于听话人而言，共享集合中的任何一个都有可能成为"数量名"的所指。

韩语也可通过类似的手段表达不定指型位移主体，但是在编码形式上与汉语存在不同之处，例句如下：

（53）<u>한 가지가</u> 위로 혹은 옆으로 내뻗어가다가 다른 가지와 마주칠 때 반드시 제 몸을 휘어서 감아 올라가는 나무는 공생의 윤리와 자연스럽게 연결된 충족의 윤리를 육화해 살아간다. （김종철 외〈녹색평론 41 호〉）

（54）네 갈래의 가로수길은 그 광장으로부터 사방으로 뻗어 있다.(〈네이버사전〉)

（55）그 좁은 이마 복판에는 굵은 주름이 하나 가로지르고 있었다.(박경리〈토지 1〉)

（56）한강에는 다리가 여러 개 가로놓여 있다.(〈고려대 한한중사전〉)

以上例句都是不定指型主体，其中例（53）的"한 가지（一根树枝）"是"冠形词①＋名词"的结构；例（54）的"네 갈래의 가로수길（四条林荫路）"是"数词＋依存名词＋名词"的结构；例（55）的"주름이 하나（一条皱纹）"则是"名词＋数词"；而例（56）的"다리가 여러 개（几座桥）"则是"名词＋冠形词＋依存名词"。由此可见，此类型的主体，韩语的表现形式比汉语更为丰富。此外，汉语中还可通过"有＋量词＋名词"结构来表示不定指型主体，例如：

（57）这儿是一大片的竹林，中间有条石板路，蜿蜒上山。竹林茂密，深不见底，苍翠欲滴的竹叶，随风飘动，像是一片竹海，绿浪起伏。(琼瑶《水云间》)

（58）雪地里有一条小路蜿蜒伸向山上。山上有松树、柏树、冬瓜木树，稀稀落落的显得很荒凉。(彭荆风《绿月亮》)

（59）噢，那边就有一条路，向东一直延伸到阴暗得看不见的地方。远处，透过树中的小孔，乔尼又看到一些灯光，似乎

---

① 冠形词指的是在体词前并对其进行修饰的词，一般来说韩语中的冠形词即使是对体词进行修饰，也没有形态上的变化。韩语冠形词可分为形状冠形词、指示冠形词、数冠形词，汉字词冠形词等。参见고영근·구본관（2015：123）。

是为了货机降落用的。(哈伯德《地球杀场》)

例(57)的"有条石板路"、例(58)的"有一条小路"和例(59)的"有一条路"都是"有+量词+名词"的结构,陈平(1987:117)认为,存现句中的宾语有由不定指格式的名词性成分充当的强烈倾向,因此在以上例句中,位移主体的表现形式均为不定指成分。但是,在收集到的韩语语料中,尚未发现此类表现形式。

如上所述,虚拟位移主体的指称形式可以分为定指和不定指两类,它们在汉语和韩语中的表现形式可总结如下表:

表3　汉韩语虚拟位移主体的指称表现形式

分类	主体的指标表现形式	
	汉　语	韩　语
定指	◎专有名词 ◎带领属性定语的名词性成分 ◎带限定性定语的名词性成分	◎专有名词 ◎带领属性定语的名词性成分 ◎带限定性定语的名词性成分
不定指	◎光杆名词 ◎数词+(量词)+名词 ◎有+量词+名词	◎光杆名词 ◎冠形词+名词 ◎数词+依存名词+名词 ◎名词+数词 ◎名词+冠形词+依存名词

(三)语用功能

由上文可知,在虚拟位移句中,位移主体首次出现会使用不同的指称形式,而不同指称形式会产生不同的语用功能及表达效果,虚拟位移的语篇推进实际上存在两种建构方式:一种是"无背景+定指型主体"的语篇叙事模式,另一种是"背景信息+不定指型主体"的语篇叙事模式。

以"无背景＋定指型主体"为语篇叙事模式的特点是，该模式没有背景信息的叙述，始发语就是定指形式的位移主体。在位移主体的首现以定指形式表现时，会激活"起点预设"的语篇功能，即在以定指形式的位移主体始发的语篇中，发话者将某一共知信息预设为叙事起点。起点预设没有具体的语言形式，但可以结合语境通过预设触发语推导出来。如：

（60）天山是亚洲中部的一条大山脉，横贯中国新疆的中部，西端伸入哈萨克斯坦。(《中国儿童百科全书》)

（60）' 有一条山脉，山脉的名称是天山。天山是亚洲中部的一条大山脉，横贯中国新疆的中部，西端伸入哈萨克斯坦。

例（60）预设触发语是定指形式的首现实体"天山"，起点预设是"有一条山脉，山脉的名称是天山"我们还可以将起点预设还原出来，如例句（60）'的"天山"激活了起点预设。韩语例句如下：

（61）오산시는 기존 시가지가 궐동, 수청, 세교지구로 뻗어나가면서 이 일대 개발이 활발히 진행 중이다.(동아일보 2003 년 기사)

（61）' 경기도 남서부에 오산시라는 도시가 있다. 오산시는 기존 시가지가 궐동, 수청, 세교지구로 뻗어나가면서 이 일대 개발이 활발히 진행 중이다.

例（61）预设触发语是定指形式的首现实体"오산시（乌山市）"，如果将起点预设还原出来，可还原为"경기도 남서부에 오산시라는 도시가 있다（在京畿道西南部有一个叫乌山的市）"，例句（61）'的"오산시（乌山市）"激活了起点预设。

刘琪、储泽祥（2016）指出，起点预设在语篇中的作用主要体现为两点：一是开门见山，直奔主题；二是叙事简洁经济。起点预设的信息是交际双方的共知信息，省略了不仅不会影响叙述的表达和理解，反而显得言简意赅。试比较上述两组例句，省略了起点的背景信息时，可以让读者快速明确地了解虚拟位移句描述的对象。可见，以开门见山的方式开头，就像镜头的聚焦功能一样，能清晰明了地将语篇的主体明确标记出来，这种定指的首现方式在形式上简洁明快，意义上直奔主题，给语句表述增加了非口语化的文学效果，吸引读者迅速进入描述情节中去。

另一种语篇推进模式是"背景信息＋不定指型主体"，该叙事语篇一般开始于背景信息，其后用不定指的形式引入位移主体，逐步推进叙事，遵循由旧到新的信息结构。这里的"背景信息"是"框"，由不定指型主体构成的虚拟位移句是"棋"，所谓不定指型主体，其实是话题框下的棋成分（张伯江2018：231）。例句如下：

首次出现使用不定指形式的虚拟位移句在语篇推进上采用"背景信息＋不定指型主体"的故事线叙述模式。该叙述模式常常起于背景信息，为后面的故事线铺展设置了框架，再引入不定指形式的位移主体，由熟及新，逐步推进故事线的展开。

（62）举目望去，<u>一大片枣树林</u>铺展在眼前，朦胧薄雾笼罩的枣林，红红的枣子累累地挂满了树枝，将树枝都压弯了。（豆豆《遥远的救世主》）

（63）我进到房子里，<u>一道螺旋形的水泥楼梯</u>，蜿蜒上升，

伸到那看不清的幽暗里去。(白先勇《孽子》)

（64）저수지와 쓰레기 소각장을 지나 동백리 마을 쪽으로 내려갔는데, 마을과 향린촌의 경계라고 할 수 있는 굴다리 위로는 <u>영동고속도로가</u> 지나가고 있었다.(김원두〈어느 개의 인간적인 추억〉)

（65）메꽃과에 딸린 한해살이 덩굴풀. 키는 2 m 이상이고, <u>줄기는</u> 왼쪽으로 감겨 올라간다.(〈계몽사학생백과사전〉)

例（62）和（63）中"举目望去"与"我进到房子里"分别为叙事的背景成分，"一大片枣树林""一道螺旋形的水泥楼梯"在语篇中都是第一次出现，且没有语境或共有知识来识别，所以它们是不定指型主体。同样，韩语例句（64）和（65）也交代了叙事的背景成分，分别为"저수지와 쓰레기 소각장을 지나 동백리 마을 쪽으로 내려갔는데（穿过蓄水池和垃圾焚烧厂向冬栢里村庄走下去）""메꽃과에 딸린 한해살이 덩굴풀. 키는 2 m 이상이고（蔓草是属于旋花科一年生的植物，长度为两米以上）"，由这些背景信息可知，"영동고속도로（岭东高速公路）"和"줄기（梗）"也是不定指型主体。

上述例句都是"背景信息＋不定指型主体"的叙事模式，这种叙事模式主要是通过不定指成分引入虚拟位移句的描述对象，因为虚拟位移句是以观察者的角度来描述某一场景，以观察者对位移主体的感知推动事件的发展，因此，观察者第一次感知到的位移主体就要用不定指的形式来指称它，以引起读者或听话人的注意，激活语篇中对它的描述信息。

3.1.3　空间维度特征与认知心理

（一）一维主体

一维主体所占有的空间范围呈"线"状，即把物体看成一条"线"，这类物体一般具有狭长形的特点。例句如下：

（66）从机场到拉萨，有一个小时的车程。公路沿着拉萨河蜿蜒前伸，河水清澈见底，远处可见一些藏民的毡房，屋顶上插着飘扬的经幡。（明月百年心《重生之凤凰传奇》）

（67）长廊顺山势下跌，径入一大片碧绿清澈的湖中，止于一玉石栏杆朱檐临水的舫屋处。（王朔《玩的就是心跳》）

（68）달팽이 윤영춘（尹永春）창을 열고 밖을 내다볼 때면 포도 덩굴이 담장을 따라 멋들어지게 뻗어 나갔고, 남항 부산의 38 개월간 피난살이 기념으로 가져다 심어 놓은 감나무는, 바람에 잎사귀 흐느적거려 남해의 향수를 풍겨 준다.（구인환 편〈한국 현대 수필을 찾아서〉）

（69）이처럼 삼국의 교통망은 저들의 수도를 중심으로 사방으로 간선이 뻗어 나갔고, 간선에서 지선, 지선에서 지선으로 연결되고 있었다.（과천문화원〈과천향토사〉）

例（66）的"公路"、例（67）的"长廊"和例（68）的"포도 덩굴（葡萄藤）"、例（69）的"간선（干线）"是虚拟位移句描述的对象，此时我们只考虑它们在长度上的特征，而不考虑其在宽度和高度上的特征，即我们将"公路""长廊""포도 덩굴（葡萄藤）""간선（干线）"看作线性物体，只关注它们在长度上的空间延展性。

（二）二维主体

二维主体所占的空间范围呈"面"状，当这类主体进入虚拟位移句时，我们只考虑其在长度和宽度上的特征，而不考虑高度上的特征。例如：

（70）坦坦荡荡的大戈壁，无丘无壑，无树无草，平展展一直伸向天际，苍茫的大地托着浩渺的天穹，显得格外开阔。(《报刊-读书》1996 年)

（71）大草坪从起伏的坡地蔓延开去，辽阔无垠，一直伸展到眼界的尽头。(《人民日报》1998 年)

（72）삼면이 밤나무가 주종인 동산에 편안히 둘러싸여 있고, 동쪽으로는 넓은 들이 부챗살처럼 퍼져 있고, 그 끝으로 한강물이 보였다. (박완서〈두부〉)

（73）옆으로 강이 흐르고 주변에는 평야가 펼쳐져 있는 것도 한 눈에 들어왔다. (송기호〈발해를 찾아서〉)

例（70）的位移主体分别是"大戈壁"和例（71）的"大草坪"；例（72）的位移主体为"들（田野）"、例（73）的"평야（原野）"。例句描述的是它们的"面"状特点，即随着观察者注意力焦点的不断延展，观察到的物体面积也随之不断扩展，从而产生了虚拟位移运动。

（三）三维主体

三维主体所占有的空间范围呈"体"状，即把物体看作一个"体积"，在描述这类物体时，我们关注的是长、宽、高三个维度上的特征。此类虚拟位移主体出现频率较低，在所有汉语语料中仅有四例，例句如下：

（74）远远就望见在一池碧水映衬下，<u>科技馆</u>如一只巨大的鸟翼盘旋而起，浅灰色的外观、高耸的立柱、大面积的玻璃幕墙以及建筑中央一颗硕大的玻璃球，让人感受到现代艺术的强烈冲击。（新华社2001年10月份新闻报道）

（75）如在方方正正的高楼下面，伸出两个巨大沉重的<u>混凝土形体</u>，这是两个阶梯教室，它的尾部翘起，惹人注目。（《中国儿童百科全书》）

例句（74）的位移主体"科技馆"是三维物体，后文的描述"高耸的立柱、大面积的玻璃幕墙以及建筑中央一颗硕大的玻璃球"让我们更加明确了观察者的观察焦点涵盖了"科技馆"长、宽、高三个维度的特征。例句（75）也是如此，从"混凝土形体"的表述可以知，观察者同时关注了其三个维度。这类物体的特点是体积较大，在长、宽、高的维度上都具有较突出的延展性。韩语中也有此类主体，例如：

（76）이것은 앞쪽보다도 뒤쪽이 3.5척（약 1.1 m）더 깊게 잠기기 때문이며, 그뿐 아니라 <u>뱃머리는</u> 물에 잠기는 바닥보다도 앞쪽으로 더 뻗어나와 있으므로, 승무원들은 마치 오늘의 상륙용 주정에서 뛰어내리듯이 어떤 해안에라도 상륙할 수 있다.（남천우〈유물의 재발견〉）

（77）북한 에스오-1 급 <u>경비정 1척（주어）</u> 이 연평도 서쪽 7마일（12.6 km）북방한계선을 넘어 남쪽으로 1.8마일（3.2 km）지점까지 내려왔다.（〈한겨레신문〉2002년）

上述例句中，观察者关注的也是位移主体"뱃머리（船头）"和"경비정（警备艇）"在长、宽、高三个维度上的特征。

　　值得注意的是，例（66）和例（67）的"公路""长廊"和例（68）、（69）"포도 덩굴（葡萄藤）""간선（干线）"也具有"面"状的性质，但之所以把它看作"线"类体，这与认知心理有关，"公路""长廊""포도 덩굴（葡萄藤）""간선（干线）"的长度远比它的宽度要凸显，Ungerer & Schmid（2001：F25）认为，语言结构中信息的选择与安排是由信息的凸显程度决定的。李文浩（2009：398）也指出，凸显是认知过程中主体对某一客体或客体某一部分的关注与强调，凸显的认知对象往往用特定的语言方式强调表达。虚拟位移表达就是一个很好的例子，通过这种虚拟运动，凸显位移主体在空间范围内一维或多维特征，之所以关注不同的维度，是由于认知心理上的凸显部位不同。

　　这一节主要考察了虚拟位移主体的组合方式、指称特征与空间维度特征。将上述内容进行归纳，可将虚拟位移表达的主体分类总结如下图：

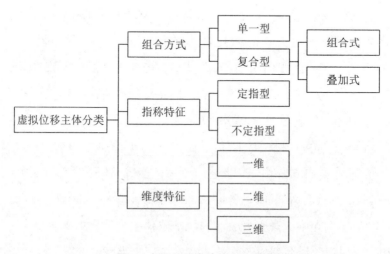

图 6　虚拟位移表达的主体分类

3.1.4 位移主体的语义特征与位移事件范畴化

从认知的角度看，范畴化指的是人类从万事万物在性质、形状、功能等各方面的千差万别中看到其相似性，并据此将可分辨的歧义的事物处理为相同的类别，从而形成概念的过程和能力。它是一种基于体验，以主客体互动为出发点，对外界事体（事物、事件、现象等）进行主观概括和类属划分的心智过程，是一种赋予世界以一定结构，并使其从无序转向有序的理性活动（王寅 2014：96）。位移事件的典型程度取决于位移主体的范畴化扩展程度高低，范畴化扩展路径就是从［＋移动］［＋生命性］［＋能动性］的施动性位移主体逐步扩展到［＋移动］［－生命性］［－能动性］的非能动性位移主体，并最终扩展到［－移动］［－生命性］［－能动性］的虚拟位移主体。我们以位移动词"穿过"和"달리다（跑）"为例来分析位移主体的范畴化过程，请参看例句：

（78）她身着一袭白色中空蕾丝露腰婚纱，一双缀花平底鞋，穿过花丝，走上礼台。（《报刊精选》1994 年）

（79）火车从西向东穿过富饶的赣中盆地，穿过宽阔的袁河流域，经宜春到达新余。（《报刊精选》1994 年）

（80）原来那洞门是开在山脚，通道是从山肚里穿过，真是巧夺天工。（李文澄《努尔哈赤》）

例（78）的"她"是有移动性、有生性、施动性的位移主体，与之相应的位移事件是真实位移事件；例（79）的"火车"是有移动性、无生性、非能动性的位移主体，与之相应的位移事件也是真实位移；例（80）的"通道"是非移动性、无生性、

非能动性主体，因此例句描述的是虚拟位移。再看以"달리다（跑）"为例的韩语例句，如：

（81）육상 선수가 100 m를 9초 좀 넘게 달린다.(《한중사전》)

（82）곧게 뻗은 길 위로 모양이 똑같게 생긴 두 대의 자동차가 나란히 달리고 있었다.（권정생 외《똘배가 보고 온 달나라》）

（83）이 하천 좌우로는 산줄기가 남북으로 달리고 있고 그 사이의 협곡으로 평야지대가 펼쳐지고 있다.（송기호《발해를 찾아서》）

上述三例，"달리다（跑）"的位移主体分别是"선수（选手）""자동차（汽车）"和"산줄기（山脉）"，位移主体的扩展逐步经历从［+移动性］到［-移动性］，从［+生命性］到［-生命性］，从［+能动性］到［-能动性］的范畴化过程，位移事件也逐步经历典型到非典型的连续统变化，如下图：

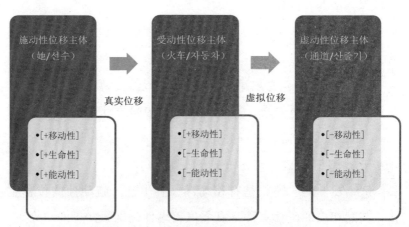

图7　位移主体的抽象度与位移事件范畴化

如上图所示，随着位移主体范畴化程度升高，位移句由动态位移描述转为静态空间场景描写，动词性成分的语义变化从高及物性变为低及物性，位移事件也从真实变为虚拟。

3.2 运动要素的编码

广义的"运动"实为"变化"，Talmy（2000b：227）在对核心事件（framing event）进行分析时，提出了动作进程（activating process）这一构成单位，就广义的位移事件而言，动作进程包含两类状态：运动和静止。因此在位移事件框架中，静止存在也被看作是运动的一种特殊形式，如：

（84）The pencil lay on the table.

例句中的"运动"实际体现为一种"lay"的存在，位移主体相对于背衬位置是固定的，动作进程是静止状态，而非移动。

狭义的位移事件可以理解为动态的位移事件，判断位移事件是广义的还是狭义的，我们仅以语言编码形式和句法表现为判断依据，从这一点来讲，虚拟位移属于狭义的位移事件，运动指的是位移本身，也即发生了位置变化，位移主体相对于背衬发生了位移，虽然从语义上来看，这种位移是虚拟的，但在语言编码形式和句法上均表现为移动，因此将其划分在狭义的运动范畴中。

Talmy（2000b：223）认为，运动要素相对于其他几类要素而言，是一个较为抽象的概念，只有形态—句法的核心才能编码运动要素，否则就不能编码运动要素。所以，运动可以理解为形态—句法核心在位移事件概念结构中的投射。史文磊（2014：128）总结了现代汉语运动信息编码的特点，其内容概括如下：

Ⅰ. 运动信息跟表层编码形式之间基本上都不是一对一的关系，运动信息一般没有自己独立的表层编码形式，而是与其他信息的编码成分合用。一个动词形式，不仅表达运动本身，往往还融合了其他的语义要素 X，譬如方式、致使、路径等。

Ⅱ. 句法成分都是动词性成分。如：运动（+X）→［VP］。

Ⅲ. 具有开放性，即数量上是无限的。

Ⅳ. 句法位置只占据核心谓词的位置。运动范畴是形态句法核心在事件结构中的投射，承载运动的句法形式一定是形态句法核心，即主要动词，不是形态句法核心就没有编码运动信息的资格。因此，从这个意义上说，运动并非一个纯粹的语义范畴，其鉴别涉及表层形式的句法地位。

3.2.1 配价分析

运动要素是虚拟位移中重要的语义载体，客观物理世界如"山道""铁路""大桥"等静态实体物在空间的位置走向、形态特征等，所具有的位移这一移动特征就是通过运动要素表现出来的。运动要素首先可以从配价角度来分析，所谓配价，是指一个动词能够强制性支配多少个不同性质的名词性词语的个数，配价所关注的是一个动词性成分与名词性成分的句法—语义关系。一个动词能够支配几种不同性质的名词性词语，它就是几价的动词；一个动词如果不能支配任何性质的名词性短语，那它就是零价动词；一个动词如果能支配一种性质的名词性短语，那它就是一价动词；一个动词如果能支配两种性质的名词性短语，那它就是二价动词；一个动词如果能支配三种性质的名词性短语，那它就是三价动词。

就虚拟位移的运动来看，配价数的多少与主体要素和背衬要素是否共同参与有密切联系，运动要素就配价来看可以是一价位移动词。如腾跃、蜿蜒、盘旋、绵延、上升、延伸等。例如：

（85）大别山的盘山公路像一条带子似的缠着山体蜿蜒而上，公路一边是陡峭的山壁，一边是悬崖。（豆豆《遥远的救世主》）

（86）踏着红军的足迹这是一方被历史的大风雨激荡浸润的古老的土地，横亘黔北的八百里大娄山起伏绵延，壮丽雄伟。（《人民日报》2000 年）

上述两例，位移动词"蜿蜒""绵延"在语义上仅支配主体"大别山的盘山公路""大娄山"一个名词性成分，都是一价动词。

韩语中的一价动词多是自动词[①]，所谓自动词，指的是动词所表示的动作不涉及其他对象，相当于英语的不及物动词，自动词不可以接宾语。动词前面通常和主格助词"–가 / 이"连接。在韩语虚拟位移句中，一价动词作谓语的例句如下：

（87）그리하여 오름 정상에 오른 순간, 깊이 115 미터의 거대한 분화구가 발아래로 펼쳐진다 . （유홍준〈나의 문화유산 답사기〉）

---

① 韩语动词根据其行动性质的特点，可分为他动词和自动词。他动词所表示的动作必须涉及某种对象，相当于英语的及物动词。他动词在句子里一定要有直接宾语，前面通常和宾格助词"를 / 을"连接。在包含他动词的句子成分中，一定要有与他动词对应的直接宾语。

（88）버스가 경사가 가파르고 노폭이 좁은 자갈길을 천천히 기어올라갔다. 수도원 입구까지 자갈길은 이어져 있었다.（송영〈발로자를 위하여〉）

例（87）和（88）的位移动词"펼쳐지다（展开）""이어지다（连接）"在语义上仅支配一个名词性成分，分别是"거대한 분화구（巨大的火山口）""자갈길（石子路）"，因此它们都是一价动词。有时在表达中，出于表达的精确性，背衬要素也会出现。如：

（89）当记者日前翻过位于宁夏陶乐县城东北部，地处毛乌素沙漠边缘的一个个沙丘后，一条绵延于沙漠之中的绿色长廊豁然眼前。（新华社2001年7月份新闻报道）

（90）茶马古道是世界上地势最高的一条商贸通道，蜿蜒盘旋于中国大西南横断山脉的高山峡谷中。（新华社2003年5月份新闻报道）

上述两例，背衬要素通过介词短语"于沙漠之中""于中国大西南横断山脉的高山峡谷中"引出，句法上位移动词"绵延""盘旋"看似关联了两个名词性成分，实则不然，配价确定的句法标准是在最小的主谓结构中，因而介词短语引出的背衬实际上都不是最小的主谓结构中的成分，也就是说"绵延""盘旋"还是价量没有改变，还是一价动词。虚拟位移本质上就是对静态空间物这一主体要素的刻画描写，因此，主体要素是必有的、强制性的要素，而通过介词引出的背衬要素则是根据表达需要进行选择性添加，因而是可选的、非强制性的要素。一价位移动词会给被动化操作等一些句法操作带来限制。如：

（91）<u>沙漠公路</u>，犹如一条黑色巨龙，<u>腾跃于黄沙褐浪间</u>，将"死亡之海"搅醒、激活。生机与希望，冉冉升腾于这片毫无生气的地方。（《人民日报》1996年）

（92）<u>公路蜿蜒在山岭和丛林间</u>，其间，汽车摆渡湄公河，行驶约两小时，至半山间一片开阔地，高高的南俄河水坝巍然屹立在眼前。（《人民日报》1993年）

（93）<u>黄褐色的公路顺着缅甸的村寨后侧延伸</u>，消失在茫茫林海中。（《人民日报》1996年）

上述三例，位移主体都是"公路"，但动词"腾跃、蜿蜒、延伸"是不及物的一价动词，范晓（2006：81）指出，具有［＋多价性］［＋动结性］的动词是被字句谓语动词的典型。因此一价动词不能满足被动化操作对谓语动词［＋多价性］［＋动结性］的要求，很难进行被动化。其实，诸如这类虚拟位移句多是对静态的空间场景的描写与说明，具有某种"画面感"，位移主体实际上没有发生真正的空间移动，若排除主观移情因素的考虑，很难进行被动化操作。位移主体处于画面语域中话题（topic）位置，开启言谈话轮，为其后陈述建立叙事框架，具有篇章延续性，一般常用在主动句中，但是也发现少数虚拟位移句采用中动句形式表示被动语义。如：

（94）记者眼见这种田园的开拓过程，<u>纵横的水管盘绕在田地里</u>，开销成本显然不低，但却可以省下不易多得的淡水，显然值得。（《人民日报》2000年）

曹宏（2004:39）认为，中动句是一种受事主语句（patient-subject sentence）。简单来说，是用主动句的形式表示被动句的意义，汉语主动句典型的认知框架是"施—动—受"，施事和受事以及受事受到的影响构成了说话人的范域（scope），当受事成分"纵横的水管"作为射体提醒受话人注意时，受事从原先的宾语位置提升到主语位置，成为舞台表演区（onstage region）中的主要焦点，施事作为背景而隐含，可见虚拟位移表达受主观因素或者认知因素的影响，可以有条件地采用中动句来进行被动化操作。

在虚拟位移句中，有的背衬要素在语义上则是必有的、强制性的，这就决定了位移动词必须是二价的。我们调查发现，在虚拟位移表达中，二价位移动词是占优势地位的，出现频率高，而像上述的一价位移动词在数量上相对不是很多。请参看例句：

（95）这条中巴国际公路横穿帕米尔高原，途经举世闻名的4座海拔在7000米以上的冰峰，翻越海拔4100米的苏巴什达坂和海拔4733米的红其拉甫达坂，堪称世界奇迹。(《报刊精选》1994年）

（96）杭州湾跨海大桥是中国第一座跨越海洋的大桥，也是目前世界上最长、工程量最大的跨海大桥。它横跨整个杭州湾的南北两岸，南起宁波慈溪，北到嘉兴，全长36公里。(新华社2004年9月份新闻报道）

（97）两人一路争吵，一路前行。这时道路高低曲折，十分难行，一时绕过山坳，一时钻进山洞，若不是有雪地中的足迹领路，万难辨认。(金庸《白马啸西风》）

韩语虚拟位移句中也有一部分位移动词支配两个成分，即发出动作的主体和动作的受事，这两个成分都是句子所必需的，如果删除其中某个成分，句子的语法结构将不完整，语义不自足，因此这类位移动词属于二价动词。例如：

（98）여자는 그 버드나무를 분명하게 기억해낸다 . 그 옆으로 새로 난 길이 언덕을 넘어가고 있다 .（ 원재길〈벽에서 빠져 나온 남자〉）

（99）서쪽 내륙에 있는 최고봉 비로봉（ 1638 m ）에서 동쪽으로 뻗어간 금강산 산줄기는 장군봉을 지나고 여기서 갈라져 나가 한쪽이 외금강 구룡연 구역과 선하동 구역 사이로 날카롭고 험준한 바위들과 거대한 바위 능선 봉우리들로 이어진다 .（〈한겨레신문〉2003 년 ）

（100）수레가 다닐수 있도록 내놓은 농로는 산굽이를 돌고 내를 건너고 들판을 건너 뻗치어 있었다 . 들판에는 벼가을걷이가 끝나 있었다 .（ 한승원〈포구〉）

例（98）中动作的主体是"새로 난 길（新修的路）"，主体发出的动作是"넘어가다（翻过）"，动作的受事成分是"언덕（山丘）"，主体和受事都是必要成分；例（99）中动作的主体是"금강산 산줄기（金刚山山脉）"，主体发出的动作是"지나다（经过）"，动作的受事成分是"장군봉（将军峰）"；例（100）的位移动词有"돌다（环绕）""건너다（穿过）"，动作的主体是"농로（田间小路）"，受事分别为"산굽이（山弯）""내（小溪）"和"들판（田野）"，位移动词"돌다（环绕）""건너다（穿过）"需要主体和受事成分共同参与，因此它们都是二价动词。

3.2.2　界性特征

运动要素是虚拟位移表达的重要构成成分之一，运动要在一定的空间中进行，但运动的主要特征还是在时间的线性链条中占据一定的时间。虚拟位移的运动要素在时体表达方面具有与真实位移不同的特征，真实位移的运动要素所指是发生了实实在在的空间位置变化，在时间过程中有明确的起始点和终结点，因而在时体表达上具有"有界"（bounded）特征，而虚拟位移的运动要素所指在客观物理世界中并没有发生实实在在的空间位置变化，该位移性质是一种主观化操作，在时间结构中没有明确的起始点和终结点，因而在时体表达上具有"无界"（unbounded）特征，时体表达不如真实位移那样丰富，受到的制约也较多。请参看例句：

（101）扎墨公路北起波密县扎木镇，<u>翻越海拔 4280 米的嘎龙山</u>，<u>穿过嘎龙藏布、金珠藏布河谷的复杂地质带</u>，再沿雅鲁藏布江东岸南下至墨脱。(《报刊精选》1994 年）

（102）纵目远眺，四面一望无际，只有<u>大车道弯弯曲曲伸向天边</u>。辽阔啊，辽阔！辽阔得让人心里发虚，让人全身震骇！（老鬼《血色黄昏》）

（103）层层新修的梯田就像黄土高原戴上的一圈圈项链，<u>宽敞的乡村道路穿绕其间</u>，大片大片退耕新植的林草，在西北初冬的寒风中，仍顽强地展露出迷人的颜色。（新华社 2001 年10 月份新闻报道）

上述三例，位移运动"翻越海拔 4280 米的嘎龙山、穿过嘎龙藏布、金珠藏布河谷的复杂地质带""伸向天边"和"穿

绕其间"是对主体"扎墨公路""大车道"和"宽敞的乡村道
路"一种隐喻化的主观假想的描述,"翻越、穿过""伸向""穿
绕"等运动方式在时间结构上并没有何时开始、何时结束的变
化过程,具有[＋无界、－动作、－完成]的语义特征。"扎墨
公路翻越海拔 4280 米的嘎龙山,穿过嘎龙藏布、金珠藏布河谷
的复杂地质带、大车道弯弯曲曲伸向天边、宽敞的乡村道路穿
绕其间"描述的也是静态事件,不反映真实变化,具有均质的
(homogeneous)时间结构,因而具有状态性(stative)和非事
件性(non-eventive)。韩语例句如下:

（104）고향은 늘 나를 거짓말쟁이로 만든다. 기억 속의 강
물은 도랑물이 되어 흐르고 <u>성곽같이 높던 담들은 나의 허리 밑
으로 지나간다</u>.(이어령〈나를 찾는 술래잡기〉)

（105）현재 판교신도시 남북으로 경부고속도로와 분
당——내곡 도시고속화도로, <u>국가지원지방도 23 호선이 관
통하고 동서로는 국지도 57 호선이 지나간다</u>.(〈동아일
보〉 2003 년)

（106）골짜기를 타고 산머리에서부터 돌더미가 휩쓸려 있
었다. 산사태를 피해 솟아오른 전신주를 따라, <u>등성이 너머로
고압선이 뻗쳐갔다</u>.(이인성〈마지막 연애의 상상〉)

　　上述例句,位移运动"나의 허리 밑으로 지나간다(从我
的腰下方经过)、판교신도시 남북으로 관통하다(贯通板桥新
城南北)、동서로는 지나간다(贯穿东西)、등성이 너머로 뻗
쳐갔다(向山那边伸展)"是对主体要素"담들(墙壁)、국가
지원지방도 23 호선(国家支援地方公路 23 号线),국지도 57

호선（国支路 57 号线）、고압선（高压线）"的主观假想描述，"지나가다（穿过）、관통하다（贯通）、뻗쳐가다（伸展）"等运动方式在时间结构上并没有明确的起始点和终结点，同样具有［＋无界、－动作、－完成］的语义特征。

这种静态的、均质的时间结构在语法上也有一系列的表现。先看汉语例句：

（107）在首都北京东直门到建国门的那段区域，一条条宽敞幽静的林荫大道环绕着一幢幢精美别致的建筑群，不同肤色、各种着装的男女，及各种名牌轿车出出进进。（庄士军《国中之"国"的卫士们》）

（108）地图的中央是欧洲与欧洲下面的非洲，隔着大西洋在地图左边的是北美洲与南美洲，在地图的右边，广阔的欧亚大陆一直延伸下去，穿过荒凉的西伯利亚、蒙古沙漠与青藏高原，中国，北京，远远地处在地图的边缘。（任羽中、张锐《完美大学必修课》）

（109）梯田如练似带，从山脚一直盘绕到山顶，层叠而上，小山如螺，大山似塔。（新华社 2001 年 6 月份新闻报道）

上述例句，可以发现虚拟位移的状态性和非事件性在句法上允准［＋持续义］的时间成分来显化时间信息：或者是持续体"着"和继续体"下去"等，或者是表持续义的时间副词"一直"等。"着"具有动态/静态二重性（戴耀晶 1997：88），静态"着"和"下去"以及"一直"等［＋持续义］的时间成分是无界化操作的一种手段，句法上得到允准就说明虚拟位移的运动要素表述的是状态性和非事件性的无界运动。

在韩语中，表达持续义的典型句法表现是由语尾“-어（아 / 여）”“-고”和表示存在义的助动词“있다”相结合而构成的，即“-어（아 / 여）있다”和“-고 있다”。现代韩语的体系可分为两种基本类型——完了体和未完了体（이기동 1977，고영근 1980，이지량 1982），其中未完了的体标记是“-고 있다”，完了体标记是“-어（아 / 여）있다”，根据它们具有的完了语义特征和未完了语义特征，又可以分为两类：第一类是表示动作进行和持续的，由“-고 있다”来实现；第二类是表示动作完成后，结果状态的持续，由“-어（아 / 여）있다”来实现。在韩语虚拟位移句中，由于位移动词表述的是状态性和非事件性的无界运动，因此位移动词多通过体标记“-고 있다”和“-어（아 / 여）있다”来表示持续义，例句如下：

（110）허옇게 뻗은 길 끝은 아스무레한 젖빛 밤 장막 속으로 잠겨들어 있으나 걸어 갈수록 역시 그만한 거리를 유지하며 뻗어가고 있다.（이호철〈이단자〉）

（111）과천시 중심에서 남쪽으로 위치한 문원동 1 통은 세곡마을로 불리는데, 동남쪽의 매봉산 줄기를 주산으로 서북쪽으로 향하여 마을이 열려 있으며 과천, 의왕 간 고속도로가 마을 앞을 가로질러 가고 있다.（과천문화원〈과천향토사〉）

（112）고개를 들어 위를 바라보면 팽나무의 구불구불한 여러 줄기들이 하늘을 향해 호소하듯 큰 몸짓으로 용틀임하며 치솟아 있다.（유홍준〈나의 문화유산답사기〉）

（113）노인은 저만치 아득하게 바라보이는 거대한 산을 가

리켰는데 그 산은 구름 위에 아스라이 <u>솟아 있었으며</u> 그리고 비
슷비슷하게 높다란 봉우리들이 끝간데 없이 <u>이어져 있었다</u>.
(김성동 〈꿈〉)

　例（110）和（111）中主要由体标记 "-고 있다" 配合位
移动词 "뻗어가다（延伸）""가로지르다（横穿）" 来实现持
续义，表示虚拟移动正处于进行过程之中，实际上是观察者视
线移动这一动作行为一直在持续，"-고 있다" 是现在进行体标
记，强调的是动作的过程性、未完了性，具有明显的动作进行
中的动态特征；而例（112）和（113）的持续义则是由 "-어
（아 / 여）있다" 分别配合动词 "치솟다（耸入）""솟다（升
起）" 和 "이어지다（连接）" 来实现的。但与 "-고 있다" 不
同的是，"-어（아 / 여）있다" 是现在完成体标记，更强调动作
结果的持续，它多与弱动作性动词连用，如例句中的 "치솟다
（耸入）""솟다（升起）" 和 "이어지다（连接）"，这类动词
与完了体标记 "-어（아 / 여）있다" 相结合，表达动作已经完
成，并保持现有的状态，一直持续下去。以上分析表明，具有
[+ 持续义] 的时间成分 "-고 있다" 和 "-어（아 / 여）있다"
都是无界化操作的一种手段。

3.2.3　及物性分析

　虚拟位移是对现实的客观存在的静态物体在空间中的方位、
走向、分布的主观描述，表现出的最大特点是 "以动写静"。位
移事件从实实在在的真实位移（如 "火车穿过山洞"）扩展到静
态物体的空间位移（如 "铁路穿过山洞"），是范畴化扩展的类

推过程。如 3.1.4 所述，位移主体的范畴化扩展程度高低直接影响了位移事件的典型程度与及物性高低，从真实位移到虚拟位移，位移主体的扩展逐步经历从［＋移动性］到［－移动性］、从［＋生命性］到［－生命性］、［＋能动性］到［－能动性］的范畴化过程。位移主体从［＋移动］［＋生命性］［＋能动性］扩展到［－移动］［－生命性］［－能动性］，反映出真实位移与虚拟位移的语篇功能与及物性（transitivity）功能差异。上述内容可总结如下表：

表 4　位移主体范畴化程度与位移事件及物性

	真实位移		虚拟位移
	施动性位移主体	受动性位移主体	虚拟位移主体
移动性	＋	＋	－
生命性	＋	－	－
能动性	＋	－	－
及物性	＋	＋	－

所谓"及物性"，是指一个事件或活动中动作行为对对象传递的有效性或影响性。及物性越低，动作行为对对象传递的有效性或影响性越大，及物性越低，动作行为对对象传递的有效性或影响性越小（许红花 2017：53）。Hopper & Thompson（1980）结合大量语言事实，从类型学的角度提出了及物性理论，并举出了影响及物性高低的十项参数：

表 5　影响及物性高低的十项参数

	高及物性特征	低及物性特征
参与者（participant）	两个或更多	一个
动作性（kinesis）	动作	非动作
体貌（aspect）	完成体	非完成体
瞬时性（punctuality）	瞬止的	非瞬止的
意愿性（volitionality）	意志的	非意志的
肯定性（affirmation）	肯定的	否定的
语式（mood）	现实的	非现实的
施动性（agency）	施事有效力的	施事无效力的
宾语受动性（affectedness of O）	受事完全被影响	受事不受影响
宾语个体性（individuation of O）	高度个体化	非个体化

虚拟位移表达是通过具有位移义的动词或短语对静态空间场景的一种主观的、假想的动态位移描述，相较于真实位移表达，虚拟位移表达在动作性、体貌、瞬时性、意愿性、施动性等多个参项都表现出较低的及物性。例如：

（114）绵长的枝丫从院子东边一直延伸到西边，它像一只世界上伸得最长的手臂，牢牢地抓在墙院的围墙上。（陈染《私人生活》）

（115）在首都北京东直门到建国门的那段区域，一条条宽敞幽静的林荫大道环绕着一幢幢精美别致的建筑群，不同肤色、各种着装的男女，及各种名牌轿车出出进进。（《作家文摘》1995 年）

（116）再上六十里，名叫浦市，属沪溪县管辖，一个全盛时代业已过去四十年的水码头。再上二十里到辰溪县，即辰溪入沅水处。<u>由沅陵到辰溪的公路，多在山中盘旋</u>，不经泸溪，不经浦市。（沈从文《泸溪·浦市·箱子岩》）

上述三例，位移主体"绵长的枝丫""一条条宽敞幽静的林荫大道""由沅陵到辰溪的公路"均是非意愿性和非能动性的无生主体，不具有施事有效性。位移动词"延伸""环绕""盘旋"是假想的移动，并没有实际运动，具有非动作、非瞬止的低及物特征。这种低及物性特征常常在句法中通过一些形式体现出来，如就体貌特征看，位移动词"延伸""环绕""盘旋"具有内在的均质的时间结构，具有［＋无界、－完结义］的语义特征，只能允准［＋持续义］的时间成分来显化体貌信息：或者是表示静态持续的"着"和表示继续体的"下去"等，或者是表示持续义的时间副词"一直"等，而限制具有［＋完结义］的有界化表达，如时间副词"已经""终于"和实现体标记"了"、经历体标记"过"等。如：

（114）′绵长的枝丫从院子东边一直［＊已经/终于］延伸到西边。

（115）′林荫大道环绕着［＊了］一幢幢精美别致的建筑群。

（116）′由沅陵到辰溪的公路，多在山中盘旋［＊过］。

虚拟位移表达具有较低的及物性，描述的事件是处于持续过程中的静态事件，不反映真实变化，是描述某种事物的性质和状态，具有状态性（stative）和非事件性（non-eventive），虚拟位移句在句法上允准无界化表达，如"着""下去""一直"等体貌信息成分的功能就是揭示位移动词均质的时间结构，显化虚拟位移所表达的静态、持续等特征，也就是说，在事件持续的过程中，观察不到事件起始的变化，也观察不到事件过程的变化，当然也观察不到终结的变化。

3.3　路径要素的编码

3.3.1　路径的概念

路径是位移主体的移动轨迹，包含位移的方向、趋向，路径是位移事件的核心图式（core schema），也是位移框架的支撑。Talmy（2000b：53-56）提出了路径复合体的概念（path complex），这个概念包括矢量（vector）、构象（conformation）和指示（deictic）等三个主要成分。"矢量"包括离开（depart）、经过（traverse）和到达（arrival）三类路径信息，它表示的是位移主体与背衬之间的动态相对位置关系，能够表达位移主体相对于背衬的不同动态特征，是运动这个概念中最基本的一类。"构型"指的是位移事件框架中，位移主体与背衬形成的空间几何关系，具体包括上/下、内/外、前/后、表面、旁边等路径信息。"指示"主要包含两个成分：面向说话者的方向和背离说话者的方向，它以说话者为参照点，表达的是一种相对的、主观的位置关系①。

在本书的研究中，虚拟位移的路径指的是观察者对某物体进行视线扫描或心理扫描时所产生的移动轨迹。虚拟位移的路

---

① Talmy（2000b：56）指出，指示是一个与路径密切相关的成分，路径以绝对参照为基准，表达位移主体与背衬的客观相对位置关系，但指示却是以相对参照为基准，描述主体与背衬的主观相对位置关系。这体现了观察者的观察视角和观察立场的不同。

径与真实位移的路径不同，真实位移的路径是主体移动的轨迹，而在虚拟位移中，主体实际上并没有发生移动，而是观察者视线的移动，因此，"路径"这一概念在真实位移和虚拟位移中的含义有所不同。但从另一个角度来看，视线移动的过程也可以看作是某一个假想物体从某一起点出发到达终点的过程，这与某一真实物体的移动较为相近，因此，虚拟位移的路径要素与真实位移的路径要素虽然在概念上存在差异，但在语言表征上却有着很多相似之处。

3.3.2 路径信息的必要性

路径是位移主体的移动轨迹，包含位移的方向、趋向，路径是位移事件的核心图式（core schema），也是位移框架的支撑。在虚拟位移表达中，路径这一要素具有强制性，即虚拟位移句中必须包含路径信息（Matsumoto 1996b：194）。在虚拟位移句中，路径要素的表达与动词的种类相关，动词本身如果包含路径义，如"ascend，descend，curve"等路径动词就可以单独在句中作谓语，但是，如果动词本身不含有任何路径义，如"run，walk，wander"等方式动词，就不能在句中单独作谓语，而是必须与表达路径义的副词或介词短语等成分共现，句子才合法。例如：

（117）The road began to ascend/descend/curve.

（118）a.* The road began to run.

　　　 b. The road began to run｛straight/along the shore｝.

（Matsumoto，1996b：195）

上例（117）中的"ascend，descend，curve"等动词包含了路径信息，因此，虚拟位移句成立。但是例（118a）的"run"因为不包含路径信息，所以句子不合法，如果"run"与表示路径的副词或前置词结合使用，句子才能成立，如例（118b）。由此可知，路径要素是虚拟位移的必要要素，在这一点上，虚拟位移与真实位移表现出较大差异。那么，汉语和韩语的虚拟位移表达是否也受到这种路径条件的制约？请参看例句：

（119）？眼前的绿色原野，一直伸展。

（120）眼前的绿色原野，一直伸展到天边。（《人民日报》1996年）

（121）？고속도로가 달리고 있다.

（122）고속도로가 남쪽으로 달리고 있다.（임지룡 1998：197）

例句（119）和例（121）不含路径信息，则句子可接受度低；而例（120）和例（122）中包含"到天边""남쪽으로（向南边）"这样的路径信息，因此句子成立。由此可见，在汉语和韩语虚拟位移表达中，路径信息是必须出现的，这符合Matsumoto（1996b：194-203）概括的共性。

黄华新、韩玮（2012：53）指出，路径信息的必要性可以从虚拟位移句的功能以及虚拟位移事件的概念结构层面得到解释。在一个虚拟位移事件中，某一假想物体以其本身为路径做运动，运动产生的轨迹即位移主体本身，有关路径特点的信息最终指向位移主体本身。所以在使用虚拟位移句时，必须要提供路径信息，否则听话者将无法推断位移主体的形状特点以及它与背

衬的相对位置。其次，从虚拟位移句概念层面的内容完整性来看，路径信息也是必要的，缺少了路径信息，听话者就无法根据语言表层建构起一个完整而有意义的虚拟位移事件。以"我快步走着"为例，这句话描述的是一个真实位移事件，句中虽然未出现表达路径的信息，但这并不影响意义的建构，因为"我"是有生命的主体，具有能动性，能够进行位移运动，所以句子所表达的意义能够进行有效地传达。但是例（119）的"眼前的绿色原野，一直伸展"和（121）的"고속도로가 달리고 있다（高速公路在奔跑）"两个例句中，"路"是无生命的主体，不具有能动性，不能进行位移运动，句子意义无法建构。但如果添加了路径信息，如例（120）的"到天边"和例（122）的"남쪽으로（向南边）"，听者就可以根据这些路径信息，建构起一个虚拟位移事件，从而推断出"路"的外形轮廓及空间方位，因此例（120）和例（122）是可以被接受的句子。

如上所述，路径信息与背衬有着密切的关系，指明主体移动的轨迹，是构成虚拟位移事件的必要要素，更被看作是位移事件的核心要素，与真实位移不同，虚拟位移表达的路径信息必须在句中标明。

3.3.3 汉语虚拟位移表达的路径要素编码

（一）含路径义动词编码路径

含路径义动词可以表达路径信息，其中趋向动词较为典型。汉语的趋向动词是从语义角度进行划分的词类，是表示动作趋向的词。趋向动词是一个相对封闭的类，对于趋向动词具体包括哪些词，学界看法不一，在此列举出几个具有代表性的观点：

吕叔湘（1980：10-11）对趋向动词的分类如下：

单音节趋向动词：上、下、进、出、回、过、起、开、到、来、去

双音节趋向动词：上来、上去、下来、下去、进来、进去、出来、出去、回来、回去、过来、过去、起来、开来

朱德熙（1982：128）则认为单音节趋向动词有 10 个，双音节趋向动词有 14 个，分别为：

单音节趋向动词：来、去、进、出、上、下、回、过、起、开

双音节趋向动词：进来、进去、出来、出去、上来、上去、下来、下去、回来、回去、过来、过去、起来、开来

黄伯荣、廖旭东（1991：14）的分类如下：

单音节趋向动词：上、下、进、出、回、开、过、起、来、去

双音节趋向动词：上来、上去、下来、下去、进来、进去、出来、出去、回来、回去、开来、开去、过来、过去、起来

刘月华（1998：1）对趋向动词进行了如下分类：

简单趋向补语：来、去、上、下、进、出、回、过、起、开、到

复合趋向补语：上来、上去、下来、下去、进来、进去、出来、出去、回来、回去、过来、过去、起来、开来、开去、到……来、到……去

本书对于趋向动词的分类不进行深入探讨，参考以上几家观点，本研究认为，单音节趋向动词包括：上、下、进、出、回、开、过、起、来、去；双音节趋向动词有：上来、上去、下来、下去、进来、进去、出来、出去、回来、回去、过来、

过去、开来、开去、起来。

在汉语虚拟位移句中，单音节趋向动词可以直接作谓语，例如：

（123）在突尼斯城郊外，人们可以看到这样有趣的景观：一条残存的古罗马渡槽从南向北而<u>来</u>，一条崭新的现代化水渠由西向东而<u>去</u>。（《人民日报》1996年）

（124）片马是一块嵌在青山绿野中的缓坡地，房舍集中而成梯度排列。公路穿过边贸街弯弯曲曲斜坡而<u>下</u>，直到缅北的大田坝区。（《人民日报》1996年）

（125）山势不陡，小路在山腰间盘旋而<u>上</u>，走着走着，好像路已到了尽头，但转过一个山包，忽然一阵花香扑来，沁人心脾。（姚雪垠《李自成》）

（126）无奈时代要进步，交通在发展，一条公路远离它盘绕着进了深山，使它忽然间冷落了下来。（映泉《同船过渡》）

上述例句中，单音节趋向动词"来""去""下""上""进"分别作虚拟位移句的谓语，表达了路径信息。

双音节趋向动词编码路径要素的例句如下：

（127）山道向直插云天的高峰延伸<u>上去</u>，我们在山道贴山麓向右强烈曲折的端角处站住了。（礼平《晚霞消失的时候》）

（128）田野在晴朗地铺展<u>开来</u>，树木首先接受了阳光的照耀。那里清晨所拥有的各种声响开始升起，与阳光汇成一片。（余华《夏季台风》）

例（127）的"上去"、例（128）的"开来"都是通过双音节趋向动词表达了路径信息。

在上述例句中，既有单音节趋向动词如"来""去"等，也有双音节动词"上去""起来"等，它们刻画出了位移主体的移动轨迹，而实际上，例句中的位移主体是观察者的视线，趋向动词则体现了观察者的视线对主体沿着某一方向进行心理扫描的过程，这也是视线焦点的位移过程。在处理上述例句时，听话人可以想象某一物体在"山道""田野"上移动，或沿着某一方向对这一路径进行心理扫描，从而对主体的形状和空间方位进行理解和建构。

（二）介词编码路径

在汉语虚拟位移句中，介词也是编码路径的重要手段，介词包括前置词和后置词，刘丹青（2003：151）指出，汉语的介词系统有三大源头，动源前置词、名源后置词和副源后置词。在汉语虚拟位移句中，主要通过动源前置词来编码路径信息，动源前置词主要从路径动词语法化而来，它可以标记起点、介质和终点。史文磊（2014：176）总结了汉语中编码位移事件路径信息的前置词，表格如下：

表 6　汉语前置词例示（史文磊 2014：176）

标记功能	例　　示
标记起点	从、打、就、由、于、在、自
标记介质	从、经、顺、循、沿、由、缘、自、遵
标记终点	朝、及、就、往、望、向、于、在、照、至、着

在汉语虚拟位移句中，介词常与处所词、方位词结合构成介词结构，来表达路径信息。例如：

（129）桉树林<u>从</u>何家港外的沙滩开始，一直延伸<u>到</u>红树林。（莫言《红树林》）

（130）一片平房和楼房交织的建筑物，高低错落，<u>从</u>半山坡一直延伸<u>到</u>河岸上。（路遥《人生》）

（131）京九铁路<u>由</u>北<u>向</u>南进入赣南老区，将要穿过一座长达 3678 米的"地质博物馆"。（《报刊精选》1994 年）

（132）矗立街头的大型雕塑"腾"格外耀眼，16 根彩色钢柱<u>自</u>外<u>向</u>内盘旋上升，犹如七彩巨龙腾空而起，宏伟的气势、新颖的造型，成为良乡卫星城蓬勃发展的象征。（《人民日报》1999 年）

（133）一是环太平洋地震带，它<u>自</u>太平洋东岸的智利环绕洋岸一直延伸<u>到</u>西南岸的印度尼西亚和新西兰。（《中国儿童百科全书》）

（134）山路崎岖曲折，<u>沿</u>着山，像螺丝钉似的，盘旋上下。（叶紫《行军散记》）

（135）山上有条小道三英里长，<u>顺</u>着小溪蜿蜒伸向山下，一个小时后，两人沿着小路来到山腰，在此停住脚步，靠着被山风吹积而成的雪墙休息了一会。（《读者》）

例（129）和（130）的"从"、例（131）的"由"、例（132）的"自"和例（133）的"自"分别标明了虚拟位移的源点是"何家港外的沙滩""半山坡""外"和"太平洋东岸的智利环绕洋岸"，介词"从""自""由"与表示处所的名词构成介词短语，表达了句子的路径信息；例句（131）和（132）的"向"则标明了的虚拟位移方向分别是"南""内"等；例（134）的

"沿"和例（135）的"顺"则表达了位移主体与背衬的相对位置关系；例（129）、例（130）和例（133）的"到"则标明了虚拟位移轨迹的终点，分别为"红树林""河岸上"和"西南岸的印度尼西亚和新西兰"。

3.3.4　韩语虚拟位移表达的路径要素编码

在韩语虚拟位移句中，含路径义动词、短语和格助词可以表达路径信息。下面我们将从这三个方面逐一进行考察。

（一）含路径义动词编码路径

임지룡（2000：31）指出，韩语位移动词可包含"方式""路径"和"指示"等路径信息，例如：

a.［方式］：기다（爬）、걷다（走）、달리다（跑）、날다（飞）

b.［路径］：오르다（上）、내리다（下）、건너다（过）、넘다（越）

c.［指示］：오다（来）、가다（去）

如上所示，（a）的"方式"最为实在，承载词义信息，与运动模式、速度、状态等相关；（b）中的"路径"提供了与位移方向相关的轨迹或位置；而（c）中的"오다（来）""가다（去）"为"指示"。Talmy 将"指示"看作是与路径密切相关的成分，路径是绝对参照，提供背衬和位移主体之间的参照关系；而指示是以说话者为相对参照，提供一种相对的、主观的位置关系。韩语中有两个指示性成分：即面向说话者的"오다（来）"和背向说话者的"가다（去）"。当这三类光杆位移词用于虚拟位移句时，例句如下：

（136）a. ?? 큰 산맥 하나가 서쪽으로 뻗는다.

　　　　b. ? 고속도로가 저 멀리 언덕을 넘는다.

　　　　c. *고속도로가 저 멀리 언덕을 간다.

（김준홍 2012：77）

　　例 句（136）中 的 位 移 动 词 分 别 为 表 示 方 式 的 "뻗 다（伸）"、表 示 路 径 的 "넘 다（越）" 和 表 示 指 示 的 "가 다（去）"，它 们 均 为 光 杆 形 式，句 子 的 可 接 受 度 差。임지룡（2000：40）认 为，与 位 移 动 词 的 光 杆 形 式 相 比，韩 语 位 移 事 件 更 多 地 通 过 动 词 的 复 合 形 式 来 表 达，这 与 韩 语 位 移 动 词 的 基 本 特 点 有 关。

　　韩 语 位 移 动 词 的 三 类 信 息 存 在 固 定 的 组 合 顺 序，即 "方 式（m）> 路 径（p）> 指 示（d）"，从 逻 辑 上 看，三 类 信 息 两 两 组 合 仅 有 3 种 形 式（即 mp、md、pd 成 立，排 除 pm、dm、dp 三 种），三 类 全 组 合 也 仅 有 一 种 顺 序（即 m>p>d）。所 以，韩 语 复 合 位 移 动 词 的 语 义 组 配 可 总 结 为 下 列 四 种：

　　① ［方 式 + 路 径］：달려오르다（跑上）、걸어내리다（走下）、기어오르다（爬上）、날아오르다（飞上）

　　② ［方 式 + 指 示］：걸어오다（走来）、뛰어가다（跑去）、날아오다（飞来）、기어가다（爬去）

　　③ ［路 径 + 指 示］：내려오다（下来）、올라가다（上去）、돌아오다（回来）、건너가다（过去）

　　④ ［方 式 + 路 径 + 指 示］：뛰어건너가다（跑过去）、뛰어들어가다（跑进去）

　　以 上 组 合 形 式 可 归 纳 为 下 表：

表 7　韩语复合位移动词的语义组配

		方式（m）	路径（p）	指示（d）	例
组合方式	①	+	+		달려오르다（跑上）
	②	+		+	걸어오다（走来）
	③		+	+	내려오다（下来）
	④	+	+	+	뛰어건너가다（跑过去）

　　如果将例（136）中位移动词的光杆形式变为复合形式，则表述成立，如下：

（137）a. 큰 산맥 하나가 서쪽으로 뻗어간다.

　　　　b. 고속도로가 저 멀리 언덕을 넘어간다.

　　　　c. 고속도로가 저 멀리 언덕을 향해 달려간다.

（김준홍 2012：78）

　　例（137）的"뻗어가다（伸去①）""넘어가다（越去）""달려가다（跑去）"分别是由例（136）的光杆动词"뻗다（伸）""넘다（越）""달리다（跑）"与动词"가다（去）"结合而成的复合动词，这样便可进入虚拟位移句。

　　在韩语中，复合路径动词可编码路径，路径动词的复合形式（详见表7的①、③、④三类）在虚拟位移句中的使用分别如下：

（138）기억 속의 강물은 도랑물이 되어 흐르고 성곽같이 높던 담들은 나의 허리 밑으로 지나간다.（이어령〈나를 찾는 술래잡기〉）

---

① 韩语中的复合位移动词直译成汉语后，有些并不符合汉语的表达习惯，但为了使汉语和韩语对照更加直观明了，在这里本书采用了直接对译的方法。

（139）사천왕사 서남쪽 남천 가 언덕 위에 하늘의 전당인 양법당이 서고, 그 앞에 한 쌍의 목탑이 <u>솟아올랐다</u>.（윤경렬〈신라 이야기 2 〉）

（140）민호가 심은 호박 덩굴이 뻗어 담장을 타고 <u>올라갔다</u>.（〈고려대 한중사전〉）

（141）또 한 가지는 서해안으로 <u>뻗어내려</u> 오서산과 가야산을 우뚝 솟아올려 비인 월명산과 국사봉에 다다라 머무르고 또 한 가지는 삼남의 절경 덕유산과 전라도 마이산으로 금강을 역으로 <u>휘돌아 올라가</u> 공주의 계룡산이 되었다.（신석초〈시는 늙지 않는다〉）

（142）굵직굵직한 가지들이 거인의 근육처럼 기운차게 <u>뻗어올라가고</u> 언제나 짙푸른 나뭇잎들이 무성하여 하늘을 가릴 듯했다.（최인석〈아름다운 나의 귀신〉）

例（138）的"지나가다（过去）"是由"지나다（过）"和"가다（去）"结合而成的, 其中含路径义动词"가다（去）"刻画了位移主体"담들（墙）"的形状及方位特点; 例（139）中的"솟아오르다（升起）"也是动词合成型, 其中"오르다（上）"是含路径义动词, 它描述了位移主体"목탑（木塔）"的虚拟移动轨迹; 例（140）的"올라가다（上去）"、例（141）的"내리다（下）"和例（142）的"올라가다（上去）"也是编码路径信息的成分。与汉语不同, 韩语动词的合成型是通过添加语尾"-아 / 어 / 여"将动词连接起来, 因此会产生形态变化。如例（138）的"지나다（过）"和"가다（去）"通过添加语尾"아", 再进行合并之后转化为动词合

成型 "지나가다（过去）"。

（二）格助词编码路径

因为韩语是格标记发达的语言，所以可通过格助词来凸显背衬、标明路径，如 "-에서" "-부터" "-에서부터" 可标示源点，"-에" "-까지" 可标示终点，"-（으）로" 等标示方向。例如：

（143）신경준이 지은 ｜산경표（山经表）｝라는 조선 후기의 한국 산—산맥에 관한 책과 그외 풍수적 논리들에 의하면 백두산은 한국 모든 산들의 으뜸인 조산（祖山）또는 조종산（祖宗山）이요，거기로부터 큰 산맥이 한반도에로 뻗어 나갔으니 그것이 바로 "백두대간" 이라는 것이다.（임순덕〈읽고 떠나는 국토순례〉）

（144）대륙국이어서 철도가 발달하여 국내 각지와 이웃한 여러 나라로까지 이어지는 노선이 이 곳에서부터 부챗살처럼 뻗어 있다.（〈계몽사학생백과사전〉）

（145）그리고 마침내 흙을 거의 다 파들어갔을 때 서하총 좌측 현실 벽으로부터 서남향으로 비스듬히 경사를 지어 뻗어 내려간 비밀통로가 하나 나타났고, 그 통로 끝에서 다시 북쪽을 향해 또 다른 묘실의 연도 입구가 가로막히고 있었다는 것이다.（이청준〈춤추는 사제〉）

（146）동북쪽에 비해 중산간지대에서 해안지대로 뻗어내린 들판이 아주 넓어 들판의 푸름에서는 풍요로움이 느껴지고 옹기종기 모여앉은 마을들도 가구 수가 많고 집도 번듯해 보인다.（유홍준〈나의 문화유산답사기〉）

（147）19 번 국도는 전남 구례에서 경남 하동 포구까지 섬진

강을 동쪽으로 따라 내려간다 . (유홍준〈나의 문화유산답사기〉)

（148）시간과 강물이 인간의 유적지를 흘러가고, 길은 빈
마을에서 비어가는 마을로 강을 따라 뻗어가는데, 바위가 물에
쓸리듯이 사람들은 시간에 쓸리고 있었다 . (유홍준〈나의 문화
유산답사기〉)

（149）달마산（达摩山）줄기가 남북을 가로지르고 동서
쪽으로 백운산（白云山）과 불타산（佛陀山）에 이르고 다시
바다까지 치밀어 가서 연지봉과 장산곶을 이루게 되어 있었다 .
(황석영〈장길산 2〉)

　　上述例句中的 "-에서" "-（으）로부터" "-에서부터" 等
标明了虚拟位移的源点，也即观察者视线的起点；格标记
"-（으）로" 表明了方向；而 "-에" 和 "-까지" 等则表达了
虚拟位移终点，也即观察视线的终点。

　　从表达位移路径的语义特征来看，汉语的介词与韩语的格
助词都可以用来表达 "源点" "方向" 和 "终点"。但是，在与名
词搭配时，由于汉语和韩语的语序不同，导致介词和格助词在
句法上的分布也有所差异，汉语介词前置于 NP，而韩语的格助
词后置于 NP①。例如：

　　（150）a. 华丽的、金色的圆塔从屋顶伸向空中。

---

①　在前置词语言中，前置词短语通常在 VP 后，呈 "VP+ 前置词 +NP" 的语序，如
　　英语（SVO 型）。在后置词语言中，后置词短语通常在 VP 前，呈 "NP+ 后置
　　词 +VP" 的语序，如日语（SOV 型）(引自刘丹青，2003：77-78)。虽然汉语是
　　SVO 型语言，如上所述，可呈 "VP+ 前置词 +NP" 的语序，如：放在桌上；但前
　　置词短语也可出现在 VP 前，呈 "前置词 +NP+VP"，如：往家走，这是汉语不同
　　于其他 SVO 语言的特点，这与汉语并不是典型的 SVO 语言有关。但无论 VP 在
　　什么位置，前置词始终都处于 NP 前，这点是可以明确的。而韩语是 SOV 型语言，
　　因此格助词后置于 NP。

　　　b. 高速公路像蜘蛛网一样向四面延伸。

　　　c. 平原一直延伸到海边。

（151）a. 화려한 금색 원탑이 지붕에서 하늘로 뻗어간다.

　　　b. 고속도로가 거미줄같이 사방으로 펼쳐진다.

　　　c. 평원이 해변까지 곧바로 뻗어 있다.

（〈고려대 한중사전〉）

　　例句（150a）中的介词"从"标明了位移主体的虚拟位移源点是"屋顶"，介词"从"与表示处所的名词"屋顶"构成介词短语，表达了句子的路径信息；例句（150b）中的介词"向"则标明"高速公路"的虚拟位移方向是"四面"；（150c）的"到"则指明了虚拟位移轨迹的终点，即"海边"。以上例句都说明介词短语也是汉语编码路径信息的重要手段。韩语例句（151a）的"-에서"标明了位移主体"길（道路）"的虚拟位移源点是"지붕（屋顶）"，也即背衬；例（151b）中的"-로"表明了"고속도로（高速公路）"的延伸方向是"사방（四面）"；而例（151c）的"-까지"则指明了"평원（平原）"的虚拟位移终点是"해변（海边）"。上述内容可总结如下表：

表8　汉语介词与韩语格助词编码路径的方式

		汉　　语		韩　　语	
	路径信息	介词+名词		名词+格助词	
组合方式	源点	从	屋顶	지붕	-에서
	方向	向	四面	사방	-로
	终点	到	海边	해변	-까지

背衬含有源点、终点、途径等要素，出现情况较为丰富多样，格助词不仅可以表示位移事件框架里位移主体与背衬的空间位置关系，还能够标示维度等空间量分类信息。韩语格标记能体现出维度量，即标示出位移主体通过的空间是点、线或面，例如：

（152）a. 철길이 마을에 들어간다.

　　　　b. 나무들이 삼층 창문 위로 뻗어올라 있었다.

　　　　c. 고속도로가 마을 앞을 가로질러 가고 있다.

例（152a）中的"-에"表达了"点"的概念，即把"마을（村庄）"这个背衬看作一个点；例（152b）的"-로"表达了向"창문 위（窗户上方）"延伸的"线"的概念，刻画了背衬的线形空间量延展；例（152c）的"-을"则表达"面"的概念，强调了位移的背衬是一个含有量性成分的有界空间。它们之间的区别可用如下意象图式来表达：

| 终点 | 方向性 | 空间领域 |

图8　"-에""-（으）로""-을/를"标示的维度信息

（三）含方向义动词编码路径

在韩语虚拟位移句中，含方向义的动词也可编码路径，如"향하다""따르다"等，例句如下：

（153）골짜기 아래에는 성문자리였던 곳으로 보이는 장소가 있고 성첩은 다시 능선을 향해 기어오른다.（안춘배〈역사의

얼굴 〉）

（154）그 산맥은 먼 지평선을 향해 굽이치며 뻗어 갔다.
（〈고려대 한중사전 〉）

（155）강 건너편에서 강을 따라 쫓아오는 길이 861 번 지방
도로다.（유홍준 〈나의 문화유산답사기 〉）

（156）라즈돌나야 강가에 있는 라즈돌노예（Razdol'noe）
마을을 지나북한으로 가는 철도를 따라 남쪽으로 향하다가, 다
시 오른쪽 좁은 길로 접어들어 5 km 를 가니 평야 가운데에 동
쪽으로 뻗어나온 산줄기가 눈에 들어왔다.（송기호 〈발해를 찾
아서 〉）

上例中的"능선（山脊）""지평선（地平线）""강
（江）"和"철도（铁路）"都是表示背衬的名词，上述四例分
别描述了位移主体"성첩（堞墙）""산맥（山脉）""길（道
路）"和"산줄기（山脉）"与背衬的相对虚拟位移，即相对
空间位置关系，例（153）的"능선을 향해（向着山脊）"、例
（154）的"지평선을 향해（向着地平线）"、例（155）的"강
을 따라（沿着江）"和例（156）的"철도를 따라（沿着铁
路）"都含有表示方向义的动词，它们体现了虚拟位移的路径
信息。

3.4 方式要素的编码

3.4.1 方式的概念
位移事件中的方式指的是位移发生时所伴随的状态，是位
移主体表现出来的一种附加特征，它是位移事件的外部要素之

一，如果将位移事件看作是由主事件和副事件组成的，那么方式就是副事件，表示的是辅助的行为和状态。对于方式概念如何细化和分类，目前尚未有明确的界定。Slobin（2004：223）认为，方式涵盖了很多界定模糊的成分，包括运动模式（motor pattern）、速度（rate）、节奏（rhythm）、姿势（posture）、情感（affect）和评估（evaluative）等。由于伴随位移发生的状态都可以划分到方式这一范畴中，所以方式所包含的信息十分多样，反映在语言表层上，结构形式也非常丰富。Talmy（2000b：152）认为，方式是一个附属的行为或状态，与行为人的行为或状态同时出现。对于在位移事件中，动词如何编码方式，Talmy（2000b：28）举例如下：

　　a. The rock rolled down the hill.（nonagentive）

　　　=［The rock MOVED down the hill］WITH-THE-MANNER-OF［the rock rolled］

　　b. I bounced the keg into the storeroom.（agentive）

　　　=［I $_A$MOVED^8）the keg into the storeroom］WITH-THE-MANNER-OF［I Bounced the keg］

　　c. I ran down the stairs.（self-agentive）

　　　=［I WENT down the stairs］WITH-THE-MANNER-OF［I ran］

　　上述例句中，（a）句的"rolled"、（b）的"bounced"和（c）的"ran"编码了方式信息，同时也编码了运动信息。在位移事件框架中，方式是伴随位移发生的一种附加状态。

3.4.2　方式信息的限制性

如上一节所述，路径要素是虚拟位移表达中的必要要素，即在虚拟位移句中，路径信息必须在语言表层得以体现，但方式信息并非如此，在虚拟位移句中，方式要素不是必要要素，方式信息不一定要在语言表层体现出来，句中可以不出现，如例句（157）至（160）就没有传达出任何与运动方式有关的信息：

（157）霎时天地间的一切都消隐无踪，唯见<u>一条无尽的灯廊甬道通向幽秘的深处</u>。他淡然一笑沿着白灯笼组成的灯廊大步向深处走去。（电视电影《大宋提刑官》）

（158）这是一所中专学校，猴子父亲是这所学校的校长，两人走进学校大门，雨水使水泥地面黑静，校园清清，迎春花在坡上开放，<u>一条石阶小径伸上去</u>，也许同学们正上课，没看见什么人。（姚建新《水国志3》）

（159）全线有桥梁549座、隧道126座，桥隧总长190公里，其工程之浩大，堪称中国铁路建设之最。<u>京九铁路由北向南进入赣南老区</u>，将要穿过一座长达3678米的"地质博物馆"。（《报刊精选》1994年）

（160）他的铺面极小极窄，前面作工作间，后面是一间灶屋，<u>灶屋里挨墙有一架楼梯通向阁楼</u>。那是他的卧室。（聂鑫森《天街》）

以上例句均为虚拟位移句，然而都没有表达出与方式有关的信息，即没有传递伴随位移主体而体现出的辅助行为及状态，由此可见，方式要素并非虚拟位移表达的必要成分。在韩语虚拟位移句中，也可以不包含方式信息，例如：

（161）"그러면 공렬씨를 찾아나서야 되겠군요.누구를 찾아가야 공렬씨 사는 데를 알 수 있을까요?" 나는 내 앞으로 뻗어나간 길이 산모퉁이를 돌아 사라져 가는 것을 보며 물었다.（유재용〈아버지의 강〉）

（162）발목 끝까지 내려오는 똑같은 디자인의 일자 원피스를 입고, 하나같이 헤어밴드를 두른 뚱뚱한 아프리카 여자들 네 명이 버스에 올라탔다.（강영숙〈날마다 축제〉）

（163）자갈이 깔린 거리에서 성벽 위로 여러 개의 계단이 올라간다.（〈네이버 사전〉）

（164）이 무는 삼각형으로 위가 예리한 각첨（角尖）으로 겨드랑이에서부터 시작하여 밑단으로 내려오면서 넓어지는데 이로써 두루마기의 폭을 넓게 한다.（김영자〈한국의 복식미〉）

　　另一方面，虚拟位移句也可以出现提供方式信息的成分，方式信息主要通过动词、副词和其他状语成分在语言表层进行编码，例句如下：

（165）茶马古道是世界上地势最高的一条商贸通道，蜿蜒盘旋于中国大西南横断山脉的高山峡谷中。（新华社 2003 年 5 月份新闻报道）

（166）千里新藏线缠绕在莽莽昆仑山上，平均海拔 4500 多米，冬季气温常在零下四五十摄氏度，氧气含量不足内地的一半。（《人民日报》1994 年）

（167）沙市的马路原本狭窄无比，蜿蜒在山脊上，这时全市所有的车辆几乎是同时出现。（朱邦复《巴西狂欢节》）

（168）红土公路先是紧邻着水面，<u>高低高低地蜿蜒升降</u>，然后一路往上而去，被逼向西北。（谢旺霖《转山》）

（169）白色的细沙河床，从西面的<u>丛山里冲出来，像条巨</u>大的白布带，<u>弯弯曲曲地向东方无边无际地伸展开去</u>。河道中的水流，在霞光中闪烁着光彩。（冯德英《迎春花》）

（170）秋天了，木棉的叶子落下来，无声无息，铺在地上却疏疏落落的很有风致；<u>木棉的枝干笔直地伸上去</u>，是很深的蓝天，一轮圆月挂着，大大的，凉凉的。（《福建日报》2006 年）

例（165）至例（167）分别通过位移方式动词"盘旋""缠绕"和"蜿蜒"表达了主体"茶马古道""新藏线"和"马路"的虚拟位移方式，实际上是对主体形状、姿态的描述；例（168）至例（170）则通过"高低高低""弯弯曲曲""笔直"等副词描述了虚拟位移发生时的状态，这里的"方式"实际上也是对主体形状、方位等的描摹，即描述了虚拟运动是如何进行的。方式信息在韩语虚拟位移句中的表达如下：

（171）<u>휴전선은</u> 서쪽의 예성강과 한강 어귀의 낙도인 교동도에서부터 개성 남방의 판문점을 지나 중부의 철원과 금화를 거쳐 동해안 고성의 명호리에 이르는 248 km（600 리）의 길이로 <u>한반도를 가로지르게 되었습니다</u>.（〈네이버 지식백과〉）

（172）전찻길 건너에는 너른 마당이 있었고 너른 마당에서 층층다리를 올라간 곳엔 큰 길과 철대문이 보였고 <u>철대문 좌우로 높디높은 벽돌담이 끝간데 없이 뻗어 있었다</u>.（박완서〈박완서 단편선〉）

（173）이 하천 좌우로는 <u>산줄기가 남북으로 달리고 있고</u>

그 사이의 협곡으로 평야지대가 펼쳐지고 있다 . (송기호〈 발해
를 찾아서 〉)

　　(174) 고갯마루에서 구불구불 내려가는 산길은 마을 뒤편
으로 이어진다 .(〈 고려대 한중사전 〉)

　　(175) 따뜻한 봄볕이 길게 내뻗은 보둑길을 조용히 쬐어
주고 있습니다 . 이 보둑길은 영길이가 살고 있는 샘골에서 학교
가 있는 큰 말로 가는 가장 곧은 지름길입니다 . (박상규〈 고향
을 지키는 아이들 〉)

　　(176) 운하의 폭과 용도에 따라 크기의 차이는 있지만 운
하를 가로지른 다리들은 대개 중앙이 불룩하게 솟아 있다 . (유
재현〈 메콩의 슬픈 그림자 인도차이나 〉)

　　例 (171) 至例 (173) 是通过方式动词来编码方式要素的
例子，如例 (171) 的 "가로지르다 (横穿)"、例 (172) 的
"뻗다 (延伸)" 和 (173) 的 "달리다 (跑)" 描写了位移主
体 "휴전선 (休战线)""벽돌담 (砖墙)" 和 "산줄기 (山
脉)" 的虚拟位移方式，即刻画了主体的形态特征；例 (174)
至例 (176) 则分别采用状语 "구불구불 (弯弯曲曲)""길게
(长长地)""불룩하게 (起伏地)" 来编码方式信息，实则也是
在对主体的形状和空间方位进行描述。

　　在真实位移事件中，方式信息表达的是物体真实运动的形
式。而在虚拟位移句中，方式信息不能出现，除非这种方式信
息与路径特点有关 (Matsumoto 1996a：183-226)。通过以上例
句可知，在虚拟位移事件中，由于位移主体处于相对静止状态，
因此方式动词或副词所提供的方式信息实则投射到了静态空间

中去，它们最终指向的是位移主体的形状特点及空间走向。

3.4.3 汉语虚拟位移表达的方式要素编码

在汉语虚拟位移句中，对于方式要素的编码，可以采用方式动词或方式状语两种手段。

（一）含方式义动词编码方式

在汉语虚拟位移句中，含有方式义的动词可以编码方式信息，例如：

（177）即便在那个时候，还是战时，香港的夜晚就显露出旖旎的风情。街道是倚着山形逼仄地上下弯曲盘旋，房屋忽出忽没，灯光忽暗忽明，有一种诡谲的美丽。（王安忆《逃之夭夭》）

（178）湖岸蜿蜒，高低上下，起伏不平，远看像一条游龙。每天来来往往的船只，多如过江之鲫，层层云帆，布满湖面，遮天蔽日，十分壮观。（刘绍棠《狼烟》）

（179）单车顺山势轻松滑过两道山弯，但不到十里的路程，你便身陷重重环伺的威胁中，叠嶂的山脉辐射状向远方无尽绵伸，溶雪残酷刷蚀着陡壁的山颜表层，刻出一条条铁灰的刀疤，沿径触目所及尽是浮云坍塌的印记，黑漆漆地压在路上如深渊的窟窿，不断追着你跑。（谢旺霖《转山》）

（180）我们都有一个家，名字叫中国，这个家里，有长江、黄河两条龙；有珠穆朗玛峰的最高山坡；有万里长城在云中穿梭；有青藏高原比天空辽阔。（《人民日报》1995年）

例（177）的方式动词"盘旋"描述了位移主体"街道"倚

着山形迂回旋绕的形状特点；例（178）的"蜿蜒"描述了位移主体"湖岸"的曲折；例（179）的"绵伸"描述了"山脉"一个连着一个、连续不绝的外形特征；例（180）的"穿梭"则描述了"万里长城"与背衬"云"的相对空间位置关系。

（二）方式状语编码方式

在汉语真实位移句中，方式状语是编码方式信息的重要手段，在汉语虚拟位移句里，方式状语同样可以编码方式信息，例句如下：

（181）不知不觉，他发现自己正驶向一排收费亭，后面是壮观的通向基比斯坎的混凝土堤道，堤道缓缓上升，划一条弧线向远处延伸。（西德尼·谢尔顿《恶魔的游戏》）

（182）他看见了那么多熟识的面影和那么多生动的故事，他觉得这些河流勾划出半个中国，勾划出一个神秘的辽阔北方。这片苍莽的世界风清气爽，气候酷烈，强硬的大路笔直地通向远方。（张承志《黑骏马》）

（183）一辆旅行小汽车满载钓鱼竿、捕鱼篓和长筒胶鞋，在布满碎石和车辙的道路上风驰电掣般地向前驶去，公路沿着克什米尔地区的湍急的特里卡河流迤逦伸向远方。（多米尼克·拉皮埃尔、拉里·柯林斯《圣雄甘地》）

（184）记者驱车从龙州县城西去4公里，看到那高耸入云的将山仿佛一道绿色的屏障横亘在面前，一条深灰色的古建筑物宛如长龙沿着座座峰峦蜿蜒伸展——这便是有"南疆小长城"之称的中法战争古战场。（新华社2003年4月份新闻报道）

上述例句中，表示方式的状语"缓缓""笔直地""迤逦"和

"沿着座座峰峦"编码了虚拟位移的方式信息。在真实位移句中，能够表达方式信息的动词和状语很丰富，但在虚拟位移句中，方式信息的出现受到限制。

1. 时间成分受限

在真实位移句中，位移主体的移动既需要空间距离的变化，也需要时间的展开，表达时间的成分可以表示位移时间的起止、时间的持续、时间的长短及频率等，是对位移动作的补充说明，例如：

（185）我发现离地 1 厘米左右，确实跑起来很轻松了，因为几乎就没有抬脚，但是呢，花样跑的效果差了很多，<u>跑了 30 多分钟</u>，都不怎么出汗。（赵奕然《懒人瘦身法》）

（186）于是，他回去时连公共汽车也不敢坐，<u>经常走</u>两三个小时回住地。（《报刊精选》1994 年）

（187）万万没有想到，就在列车即将开动之时，丽丽<u>突然跳下客车</u>，迎着一列疾驰的火车跑去。（《人民日报》1996 年）

例句（185）至（187）的位移主体分别是"我""他"和"丽丽"，这些位移主体都具有［＋有生性］［＋能动性］的主体，例（185）的"30 多分钟"表达了动作持续的时间长度，例（186）的"经常"表达了动作发生的频率，例（187）的"突然"则体现了动作发生的急缓。

如上，在真实位移句中，表达时间信息的成分不会受到限制，而在虚拟位移句中，表示时间的成分会受到一定的限制，下面我们将对汉语虚拟位移中的时间表达进行考察。

第一，表示频率的时间成分不能出现在汉语虚拟位移句中，

例如:

（188）青化砭离延安只有 25 公里，其南北有一条 40 多里长的河流，咸榆公路沿着这条河流［*经常］由南向北通过此地，路两旁是绵延起伏的山地。（青田青松《首任军长》）

（189）缺口的具体地理位置，是指列宁格勒市东方濒临拉多加湖的狭长地带，这条地带上的铁路和公路［*有时］穿过森林，把湖边码头和城市连接起来，另一端则是通过湖面的船只运输，把交通运输线同苏联腹地连起来。（《人民日报》1995 年）

（190）站在这个国家海拔最高的古城墙上，极目远眺，晴空万里，空气清新，绿的田野，红顶白墙的楼房，居民区之间的大路，逶迤曲折，［*总是］盘旋在丘陵之中。（《人民日报》2000 年）

以上例句中的"经常""有时"和"总是"都是表示时间频率的副词成分，它们之所以不能出现在虚拟位移句中，是因为句中的位移动词"通过""穿过""盘旋"并不是纯动作动词，而是带有状态动词的性质。即惯常副词"经常""有时""总是"不能与动词"通过""穿过""盘旋"共现的原因在于动词的状态属性。也就是说以上虚拟位移例句中出现的位移动词，虽然表面上看具有动作动词（dynamic verb）的性质，但其内部却带有状态动词的性质，因此虚拟位移句中的位移动词在表层结构（surface structure）和深层结构（deep structure）的语义特征上是存在差异的。

第二，在汉语虚拟位移句中，表示时段的成分也受到限制，例如:

（191）74 个小区在永康的山丘田野里穿行［＊一阵子］，给人印象最为深刻的是一片片错落有致、井然有序的工业小区。（《人民日报》1994 年）

（192）水杉是一种高大的落叶乔木，属杉科水杉属。它主干挺拔，侧枝横伸［＊很久］，全树呈宝塔形。（中国儿童百科全书编委会《中国儿童百科全书》）

例（191）中的"一阵子"、例（192）的"很久"是表示时段的状语，它们在汉语虚拟位移句中的出现受到限制，因为虚拟位移主体带有［－有生性］的语义属性，而表示时段的成分强调动作的持续，二者语义特征相矛盾，所以不能同时出现在汉语虚拟位移句中。

第三，表示瞬间义的时间成分在进入汉语虚拟位移句时，受到限制，表示持续义和结果义的时间成分能够得到允准，例如：

（193）从气候特点说，我国是一个背陆面海的国家，北回归线［＊突然］穿过我国南部，我国绝大部分领土在北温带。（《人民日报》1993 年）

（194）站在洛川塬上，举目四望，黄土<u>一直</u>延伸到天边，真是"好大的一块土"，历经千百年雨水冲刷、风化剥脱、人工垦耕，已成峁，成沟，成千变万化的山梁。（《作家文摘》1996 年）

（195）全长约 7 千公里的"古丝路"始自中国古代都城长安，横贯中国和中亚，经西亚与地中海，<u>最终</u>到达罗马，沿途至今遗留了无数珍贵的历史遗迹和文物。（新华社 2004 年 12 月

新闻报道）

例（193）的"突然"是表示瞬间义的副词，这类词在进入汉语虚拟位移句时受到限制，因为这类词语提供的时间信息无法最终指向静态空间特点，无法反映出位移主体的特点，因此不能用在汉语的虚拟位移句中；而例（194）中，表示持续义的副词"一直"则能得到允准，因为它有助于说明主体的形状特点、方位走向，因此可以出现在虚拟位移句中；而例（195）的"最终"表达的是结果义，它描述的是主体"古丝路"之长，因此它体现出的时间信息也是指向主体的空间特点的，所以能够得到允准。

2. 情感体验表达受限

汉语中，表达情感体验的副词或状语不能出现在虚拟位移句里，例如：

（196）a 孩子们穿过田野。

　　　 b 公路穿过田野。

　　　 a′孩子们<u>欢快地</u>穿过田野。

　　　 b′*公路<u>欢快地</u>穿过田野。

（197）a 人们钻进山洞。

　　　 b 铁路钻进山洞。

　　　 a′人们<u>恐惧地</u>钻进山洞。

　　　 b′*铁路<u>恐惧地</u>钻进山洞。

例句（196a）是真实位移句，表达主体情感的状语"欢快地"可以添加到句中，如（196a′）；例（197a）也是真实位移句，描述情感体验的状语"恐惧地"可以出现在句中，如

（197a′）。因为在以上例句中，真实位移句的主语都是施事主语，具有［＋有生性］，句中形容词作状语，表现了主语的情感。而例（196b）和（197b）都是虚拟位移句，句中的主语分别是"公路""铁路"等具有［－有生性］的主体，不能作施事主语，因此，当表示施事主语感情的状语出现在句中，如（196b′）和（197b′）句子则不合法①。

此外，Matsumoto（1996：201）指出，表达位移速度的状语在英语虚拟位移句中受到一定的限制，除非它与位移的路径相关②。那么，对于汉语虚拟位移句中能否出现与位移速度相关的状语，请参看例句：

（198）崇明东滩位于崇明岛东端海堤外的一片广袤滩涂，是长江口地区最大、至今仍保持原始状态的一块湿地。它南北

---

① 在一些文学作品如童话、寓言、诗等题材的文章中，非施事主体可以通过拟人化的描写赋予其［＋有生性］，把物体人格化，即赋予人以外的他物以人的特征，使之具有人的思想、感情和行为，因此在拟人的修辞方式中，具有［－有生性］的主体可以与表达情感体验的副词或状语搭配使用，诗人郭小川的诗——《团泊洼的秋天》中就有这样一段表述：

高粱好似一队队的"红领巾"，悄悄地把周围的道路观察；
向日葵摇头微笑着，望不尽太阳起处的红色天涯。
矮小而年高的垂柳，用苍绿的叶子抚摸着快熟的庄稼；
密集的芦苇，细心地护卫着脚下偷偷开放的野花。

上述诗句中，作者对"高粱""向日葵""垂柳"和"芦苇"这些无生物体进行了拟人化描写，赋予其生命和情感，因此"悄悄地""细心地"这类表达施事主语感情色彩的状语可以出现在句中。但这种表达并不是与认知作用有关的概念化表达，而是一种文学性的修辞方法，因此本研究对此类拟人化表达不进行深入探讨。

② Matsumoto（1996：201）举出如下例句来说明在英语虚拟位移句中，表示位移速度的状语受到限制：

The Highway runs slowly through the desert.

Matsumoto 认为，上例中的"slowly"修饰的是动词"run"的速度，因此句子不成立。但如果其修饰的是位移路径，则句子成立，如：

The road slowly meanders through the mountains.

濒临长江入海口，向东缓缓伸向浩渺的东海，与南北大陆遥遥相对……（新华社 2002 年 11 月新闻报道）

（199）狭窄的小径缓慢地向上攀升，直达山脚下的一座树林里。他们溯溪而上，夜晚的阴影开始笼罩大地。（朱学恒《龙枪编年史 01》）

例句（198）和（199）中的"缓缓""缓慢地"均为表示位移速度的状语，可以被虚拟位移句接受，这是由于它们实际所表达的并非位移主体的移动速度，而是对位移主体形状和样态的描述，即刻画了"崇明东滩"及"小径"坡度的和缓，这些状语成分本来是修饰谓语的，但这里跨层指向主语，它们所提供的方式信息投射到了静态空间中，有利于说明位移主体的特征，因此句子合法。

3.4.4　韩语虚拟位移表达的方式要素编码

在韩语虚拟位移句中，对于方式要素，也可以通过表示方式的动词和表示方式的状语进行编码。

（一）含方式义动词编码方式

在韩语虚拟位移句中，一般通过表示方式义的动词编码方式，而方式动词很少以光杆形式出现在虚拟位移句中，它们常与其他动词相结合，以复合动词的形式出现（임지룽 1998：189）。从目前所搜集的语料来看，以光杆形式用于虚拟位移句的方式动词只有"달리다（跑）"，但是它的出现须满足一定的条件，请看下列例句：

（200）a. 고속도로가 남쪽으로（? 달린다 / 달리고 있다）.

　　　　b. 기차가 남쪽으로 (달린다 / 달리고 있다).

임지룡 (1998 : 197)

　　例（200a）为虚拟位移句，例（200b）为真实位移句，在真实位移句中，"달리다（跑）"既可以用一般现在时，也可以与表示进行体的语尾"-고 있다"连用；但在虚拟位移句中，光杆方式动词"달리다（跑）"如果用一般现在时，句子可接受度不高，而与表示现在进行体的语尾"-고 있다"相结合后，则句子成立。光杆动词单用之所以很难完句，是因为光杆动词只表示行为，而位移往往看作事件，所以至少需要时体成分予以事件化才能完句，正如汉语的"V 了$_{1+2}$"一样。换言之，韩语的虚拟位移表达在时体方面受到一定的制约。另外，值得注意的是，除了"달리다（跑）"以外，其他光杆动词即使与"-고 있다"结合，也不能用于虚拟位移句中，如：

　　（201）a. *고속도로가 저 멀리 언덕을 가고 있다 .

　　　　　b. ? 고속도로가 저 멀리 언덕을 넘고 있다 .

　　　　　c. ? 큰 산맥 하나가 서쪽으로 뻗고 있다 .

김준홍 (2012b : 76)

　　如例（201）所示，如果把"달리다（跑）"换成其他光杆动词，则句子不成立，这是由于在韩语位移动词中，"달리다（跑）"除了是一个方式动词，还是表示快速移动的原型位移动词。김준홍（2012b：75）认为，原型动词即针对某一观察对象，人们根据言语使用经验和规律优先选择的高频动词。"달리다（跑）"是表示快速位移的方式动词，用来描述有生命体（如人或动物）以及无生命体（如车辆）等的移动，是位移动词中的

原型动词，因高频出现，所以在虚拟位移句中无标记使用，是个特例。其他动词一般都得复合词化以后方可准入。

在虚拟位移句中，方式动词与其他动词的语义组合形式有三种："方式＋路径""方式＋指示""方式＋路径＋指示"，整理如下表：

表 9　方式动词与其他动词的语义组合形式

	语义组合方式	例
①	方式＋路径	기어오르다（爬上）달려오르다（跑上）
②	方式＋指示	걸어오다（走来）、뛰어가다（跑去）
③	方式＋路径＋指示	뛰어건너가다（跑过去）、달려들어가다（跑过来）

上表是方式动词与其他动词的语义组合形式，前面我们已经提到过，在韩语虚拟位移句中，比起光杆形式，动词更多地以复合形式出现。方式动词也是如此，它们常与表示路径或指示义的动词相结合使用。首先，我们来考察方式动词与路径动词相结合的情况，例句如下：

（202）골짜기 아래에는 성문자리였던 곳으로 보이는 장소가 있고 성첩은 다시 능선을 향해 기어오른다.（안춘배〈역사의 얼굴〉）

（203）나무그늘 속에 철쭉이 피어나듯이 라일락은 숲속에서 핀다. 줄거리와 가지는 가늘게 뻗어올라 버들의 풍정을 자아내고 푸른 이파리 속에 보랏빛 작은 꽃이 조잘조잘 피어난 꽃떨기는 마치 옛날 여인의 허리춤에 달렸던 패물과도 같고, 푸른

숲속에 있는 듯 없는 듯이 핀 모습은 잠근 동산에 숨은 규중처녀와도 같다. (신석초〈시는 늙지 않는다〉)

(204) 제주도의 입면으로 말할 것 같으면 한라산 산자락이 바다를 향해 흘러내린 모습이 마치 치마폭을 넓게 펼치고 앉아 있는 여인네의 모습과 같다. (유홍준〈나의 문화유산답사기〉)

例 (202) 至 (204) 的 "기어오르다 (爬上) ""뻗어오르다 (伸展而上) ""흘러내리다 (流下) " 的语义组合形式均为 "方式 + 路径", 即表示方式义的动词 "기다 (爬) ""뻗다 (伸) ""흐르다 (流) " 分别与表示路径义的动词 "오르다 (上) ""오르다 (上) ""내리다 (下) " 相结合的情况。

(205) 시간과 강물이 인간의 유적지를 흘러가고, 길은 빈 마을에서 비어가는 마을로 강을 따라 뻗어가는데, 바위가 물에 쓸리듯이 사람들은 시간에 쓸리고 있었다. (유홍준〈나의 문화유산답사기〉)

(206) 장승은 바다를 향해 노한 울음을 우는데, 간척공사의 제방은 자꾸만 바다 쪽으로 길어져간다. (유홍준〈나의 문화유산답사기〉)

(207) D 국민학교의 블록 담벼락 밑을 흘러가고 있는 보도에는 웬일인지 여느 때보다 통행인이 훨씬 불어나 있었다. (이청준〈별을 보여드립니다〉)

例 (205) 至 (207) 的复合动词分别为 "뻗어가다 (伸展而去) ""길어져가다 (延伸而去) ""흘러가다 (流淌而去) ", 它们都是 "方式 + 指示" 语义的组合, 即表示方式义的动词 "뻗다 (伸) ""길어지다 (变长) ""흐르다 (流) " 分别与表

示指示义的动词"가다（去）"相结合而组成的动词。

（208）체리는 단아하고 정다운 2층집을 바라보았다. 이사올 때에 심었던 등나무가 무성하게 잎을 뻗으며 2층을 향해 <u>기어올라가고</u> 있었다.（서진우〈귀여운 남자〉）

（209）수동이는 우묵하게 덮은 철쭉가지를 휘어잡으며 이끼 낀 바위를 밟고 큰 개울에서 갈라져나온 작은 개울가로 내려간다. 잡목을 <u>감아올라간</u> 머루덩굴이 거무죽죽하게 이슬에 젖어 있었다.（박경리〈토지 2〉）

（210）박덩굴이 대나무 지지대를 따라 <u>휘감아 올라간다</u>.（박영종〈교학사 중한사전〉）

例（208）至（210）的"기어올라가다（爬上去）""감아올라가다（绕上去）""휘감아 올라가다（盘绕上去）"，分别是由表示方式义的动词"기다（爬）""감다（绕）""휘감다（盘绕）"与表示路径义的动词"오르다（上）"和表示指示义的"가다（去）"相结合而成的复合动词，其语义组合形式则为"方式＋路径＋指示"。

（二）方式状语编码方式

韩语虚拟位移句也可以通过状语成分编码方式，并且状语成分多由副词和形容词来充当，它们在句中的功能是表达位移主体的形状或样态。首先，我们来考察副词是如何编码方式要素的，例如：

（211）<u>굽이굽이</u> 돌아가는 고속도로를 따라 가다 보면 갑자기 거대한 인공섬이 나타난다.（안철수，탁연상 외〈컬럼모음；마이크로소프트웨어〉）

（212）자그마한 어촌인 갈두마을은 35 여호의 민가가 모여 있고 해변에 노송들이 늘어서 있으며, 절묘한 기암이 삐쭉삐쭉 솟아 바다를 가로막고 있다.（〈경향신문〉1993 년）

（213）산등성이의 봉우리들이 파도치듯 울퉁불퉁 흘러내려 동네를 감싸고 돌아 멀리 바다까지 뻗어있고, 산줄기를 타고 내려오는 물이 들을 가로질러 흐르고 있는 동네입니다.（김지용〈보이지 않는 나라〉）

例句（211）至例句（213）是副词作状语编码方式，表现的是位移主体在空间中延展的样态。例（211）的"굽이굽이（曲曲折折）"描写了"고속도로（高速公路）"的蜿蜒曲折，随着观察者的视线沿高速公路的移动，产生了虚拟位移，"고속도로（高速公路）"弯弯曲曲的形状特征实际上是观察者对于位移主体的观察结果；例（212）的"삐쭉삐쭉（尖尖地）"刻画了"기암（奇岩怪石）"尖尖的、耸立的样貌，编码了虚拟移动的方式要素；例（213）的"울퉁불퉁（起起伏伏）"则表现了"봉우리들（山峰）"凹凸不平、高低起伏的形状特征。

实际上这些编码方式的状语表现的并非移动的样态，而是指向虚拟位移的路径特征，即表达的是位移主体的特征，虚拟位移的表达目的是说明主体的形状、空间方位及走向，因此这些状语有助于增强其表达效果，使描述更加形象。再看下面的例句：

（214）평시에는 사납게만 보이던 뾰족뾰족한 유달산 봉우리들이 오늘은 백옥봉이 되어서 희끄무레한 하늘에 높직하게

솟았는데, 저 한 끝에서 하느르르 떨고 있는 (儒仙阁) 은 방금 날아 가려는 백학인 듯 두 날개를 활짝 펼치고 있었다 . (박화성 〈 추억의 파문 〉)

（215）다시 시선을 수습해서 먼 곳을 바라보면 언덕과 고랑 들은 불쑥불쑥 마구잡이로 그 마른 갯벌에 들어선 것이 아니라, 고랑들은 길게 굽이치고 휘어지면서 이어져나가고 언덕들이 그 언저리를 따라가며 솟고 또 잦는 것이어서 언덕과 고랑은 물의 흐름과 시간의 흐름에 실리는 계통을 이루고 있었음을 알 수 있다 . (유홍준 〈 나의 문화유산답사기 〉)

（216）산등성이에 올라서면 한편으로는 눈 아래로 거대한 도시가 번잡스럽게 펼쳐져 있었고, 다른 편으로는 유구한 산야가 아득하게 굽이치고 있었다 . (유재용 〈 아버지의 강 〉)

例（214）至例（216）是形容词作状语编码方式的虚拟位移句。其中，例（214）的"높직하게（高高地）"描写了"봉우리들（山峰）"的高耸状，随着观察者视线的垂直移动，产生了虚拟位移，凸显了"봉우리들（山峰）"在高度上的特征；例（215）的"길게（长长地）"则刻画了"고랑들（垄沟）"在空间中的延展性特征，对其延伸的长度进行了说明；而例（216）中，将"도시（城市）"看作一个由很多组成部分构成的整体，"번잡스럽게（繁杂地）"则表现了"도시（城市）"空间延展度的不规则性，后半句中的"아득하게（辽远地）"则表现了"산야（山野）"空间走向的渺远以及形态上的模糊。上述编码方式的状语最终指向的也是虚拟位移的路径特点，即有助于更好地对位移主体进行说明和描写。需要指出的是，韩

语形容词作状语，需要与副词形转成词尾"-게"连用，"-게"用于将谓词转变为副词形态使其在句中作状语，多用于形容词词干后。

在韩语虚拟位移句中，方式信息的出现也受到一定的限制。

1. 时间成分受限

如前所述，在真实位移句中，表达时间的成分是对位移动作的补充说明，可以表示位移时间的起止、时间的持续、时间的长短及频率等，韩语例句如下：

（217）급행 열차로 그 거리를 15 분만에 달렸다 .(〈진명신세기 한중사전〉)

（218）옳거니 바닷물은 소금물이니 얼지 않고 또 한 가지 이유는 바다는 파도 때문에 항상 움직이므로 얼지 않는 거야 .(이원복〈먼나라 이웃나라〉)

（219）노루 한 마리가 갑자기 숲속에서 튀어나왔다 .(〈고려대 한한중사전〉)

例句（217）至（219）的位移主体分别是"열차（火车）""바닷물（海水）"和"노루（狍子）"，这些位移主体都是有生命且具有能动性的主体，并且，例（217）的"15 분만에（15分钟以内）"表达了动作持续的时间长度，例（218）的"항상（经常）"表达了动作发生的频率，而例（219）的"갑자기（突然）"则体现了动作发生的缓急。

在韩语真实位移句中，表达时间信息的成分不会受到限制，然而在虚拟位移表达中，表示时间的成分会受到一定的限制。表达位移时间的副词或状语成分在韩语虚拟位移句中的使用情况也可以从表示频率、时段、瞬间义、持续义等几个方面来分别考察。

第一，表示频率的成分不能出现在韩语虚拟位移句中，例句如下：

(220) a. ? 도로는 언덕을 넘어 ¦언제나 / 항상 / 늘¦ 달려
간다 .

　　　　b. * 도로는 언덕을 넘어 ¦자주 / 종종¦ 달려간다 .

(김준홍 2012b: 74)

例（220a）的状语为"언제나（无论何时）""항상（经常）"和"늘（常常）"，（220b）的状语为"자주（经常）"和"종종（时常）"，它们都是表示频率的副词，这类词受限的原因是虚拟位移句描述的并非真实位移，而是静态空间位置关系，位移动词带有状态动词的性质，即描述事物的状态，而表示频率的副词强调动作性，二者语义特征不一致，因此不能共现。

第二，在韩语的虚拟位移句中，表示时段的副词或状语可以被允准入句，例如：

(221) 고속도로가 언덕을 따라 <u>오래동안</u> 달리고 있었다 .

(222) 고속도로가 언덕을 따라 <u>한참</u> 달리고 있었다 .

(김준홍 2012b: 74)

例（221）中的"오래동안（很久）"和例（222）的"한참（好一阵）"都是表示时间的状语，然而这里它们并不表示时间，而是用来构建空间距离，在观察者的视线扫描过程中，概念转喻起着重要作用，由于"고속도로（高速公路）"是人

或车辆行走的场所，因此，我们可以把运动主体假想为人或车，在描述路径长度时，我们经常用位移时间来表示其长短，因为根据人或车的移动速度，可以推测出特定时间内通过的距离，比如：10 分钟的路程。上述例句中，通过"고속도로（高速公路）"沿着"언덕（山丘）""跑"了很久这一描述可知，人通过这段路程需要很久，也可推测出"고속도로（高速公路）"的长短。但需要注意的是，在韩语虚拟位移表达中，动词不能与表达时点的状语搭配使用，只能与表达时段的状语连用，由于空间的移动往往伴随着时间的持续，因此表示时段的状语可以构建空间距离，而时点则不能满足这个条件。

第三，表示瞬间义、持续义的时间副词无法进入韩语虚拟位移句中，例如：

（223）수성전화국에서 수성못 쪽으로 {＊갑자기 /？내내} 뻗은 들안길은 각양각색의 음식을 내는 대형 음식점들이 즐비한 고급 먹거리촌이다. (한겨레신문사〈 한겨레신문 2003 년 기사: 생활 여성〉)

（224）이만강과 합치는 부근까지 배가 다니며, 11 ～ 4 월에는 얼어붙는다. 연안을 따라 시베리아 철도가 {＊갑자기 /？내내} 달린다. (계몽사편집부〈 계몽사학생백과사전〉)

（225）광주산맥은 {＊갑자기 /？내내} 한강을 넘어 남남서 방향으로 달리면서 그 고도가 더욱 낮아져 구릉성의 산지를 이루는데, 주요한 산봉으로는 청계산 (清溪山, 618 m) 남한산 (南汉山, 494 m), 광교산 (光教山, 582 m), 관악산 (冠岳山, 629 m) 등 500 m 내외의 산들이 있다. (과천문화원〈 과

천향토사〉〉

　　以上三例中，表示瞬间义的时间副词"갑자기（突然）"、持续义的"내내（一直）"如果用于虚拟位移句中，则句子的可接受度低。임태성（2016：142）将共延路径型虚拟位移分为"肉眼观察位移"和"心理观察位移"，以上例句属于"肉眼观察位移"，在此类位移句中，观察者对位移主体进行次第扫描，虚拟位移的空间延展路径在句中可以明示出来，如例（223）的"수성전화국에서 수성못 쪽으로（从寿成电话局向寿成）"、例（224）的"연안을 따라（沿着岸边）"、例（225）的"한강을 넘어 남남서 방향으로（越过汉江向着西南的方向）"，而时间的表达却受到了制约，这是因为这类时间信息无法最终指向空间位置关系，无益于表达主体的特点。

　　2. 情感体验表达受限

　　在上一节曾提到，汉语虚拟位移句中，表达情感体验的副词或状语不能出现，在这一点上，韩语表现出与汉语相似的特征，例句如下：

　　（226）＊고속도로가 남쪽으로｛열심히／부지런히／게으르게｝달리고 있다.（임지룡 1998：190）

　　（227）＊고속도로가 남쪽으로 행복하게 달리고 있다.（김준홍 2012b：72）

　　（228）＊우리가 탄 버스 차창 밖으로 나무들이｛열심히／행복하게｝달리고 있다.（김준홍 2012b：72）

　　以上例句中的"열심히（努力地）""부지런히（勤劳地）""게으르게（懒惰地）"和"행복하게（幸福地）"都是

表示有生主体情感的状语，与具有［－有生性］语义特征的虚
拟位移主体不相匹配，并且这类状语一般被用来说明位移主体
的运动情状，但与路径特点无关，无助于明确位移主体的形状
和位置特征，因此这类状语如果用于虚拟位移句中，则表达不
成立。

此外，如上所述，汉语中能够允准表示位移速度的状语进
入虚拟位移句，韩语是否也是如此，请参看例句：

（229）노령산맥이 영광과 고창을 남북으로 나누면서 서해안
으로 황급하게 빠져나간다 .（고은〈절을 찾아서 :‘백양사’편〉）

（230）큰 길이 빨리 빈 산으로 들어긴다 .（임지룡 1998 : 190）

（231）산줄기가 완만하게 내려오다가 턱이 진 산부리에 양친
묏등이 나란히 앉아 있었다 .（유홍준〈나의 문화 유산 답사기〉）

（232）태백산에서 출발하여 소백산, 속리산, 덕유산, 지
리산을 이루며 호기있게 치닫던 소백산맥의 끝자락이 망망한
남해 바다를 내다보고는 급브레이크를 밟아 주춤거리면서 이루
어낸 분지평야가 삼산벌이며 문득 정지한 지점이 대준산인 것
이다 .（유홍준〈나의 문화 유산 답사기〉）

例（229）至例（232）中划线部分为表示速度的状语，在
汉语虚拟位移句中一般不允许此类状语出现，但如上例句所示，
韩语虚拟位移句中可以出现，임지룡（1998 : 198）指出，此类
状语所表示的速度并非主体的移动速度，而是对主体形状及外
观特征的描写，因此可以被允准进入虚拟位移句。例（229）则
通过状语“황급하게（慌忙地）”刻画了“노령산맥（卢岭山
脉）”延伸至西海岸段的陡峭；如例（230）的“빨리（快速

地）"所表达的并不是移动的速度之快，根据前后文可知，它实际描写的是"큰 길（大路）"笔直的外观特点；例（231）的"완만하게（平缓地）"与例（232）的"황급하게（慌忙地）"正好相反，它所表达的是"산줄기（山脉）"向下延伸的坡度是平缓的，观察者观察到山脉的线条是柔和的；而例（233）的"주춤거리며서（踌躇）"实际上描写的是"소백산맥의 끝자락（小白山脉的山麓）"在近海岸的部分形成了一个"분지평야（盆地平原）"，山脉向下延伸的线条并不平和，而是存在凹陷，因此这句的状语描写的仍然是主体的形状和样态。

如上例句所示，观察者本身并没有移动，只是视线在移动，因此是一种视线扫描。表达速度的状语之所以可以进入虚拟位移句，是因为这些状语并不是描写主体的速度，而是用来描写主体的形状特征。状语本来是修饰谓语的，这里却跨层指向主语。因为在虚拟位移中，状语表达的是位移主体的形体特征，即状语提供的方式信息投射到了静态空间中。

3.5　小结

本章以虚拟位移的各概念要素——主体、运动、路径、方式等为参照点，对比了汉语和韩语虚拟位移表达，通过对汉韩虚拟位移句的分析，阐述了二者在编码各要素时的共性与差异：

首先，主体要素方面，其组合形式可分为单一型与复合型，指称形式可分为定指型和不定指型；从首现形式来看，虚拟位移的语篇推进存在两种，即"无背景信息＋定指型主体"和"背景信息＋不定指型主体"；从维度的角度可将其分为一维、二维和三维主体；位移事件的典型程度取决于位移主体的范畴化扩展程度高低，范畴化扩展路径是从［＋移动］［＋生命性］［＋能动性］的施动性位移主体逐步扩展到［＋移动］［－生命性］［－能动性］的受动性位移主体，并最终扩展到［－移动］［－生命性］［－能动性］的虚拟位移主体。

其次，运动要素方面，虚拟位移表达主要通过位移动词编码运动信息，运动方式在时间结构上并没有明确的起始点和终结点，具有［＋无界、－动作、－完成］的语义特征，在句法上允准［＋持续义］的时间成分来显化时间信息。汉语通过持续体"着"和继续体"下去"，或者是表持续义的时间副词"一直"等来表达；而韩语中表达持续义的典型句法表现是由"-어（아／여）"或"-고"和表示"存在"义的助动词"있다"相结合而构成的，即"-어（아／여）있다"和"-고 있다"。

再次，路径要素方面，在汉语和韩语中，路径要素都呈现出显性特征，即路径要素的必要性；但对于路径的编码，汉语主要通过含路径义动词和介词短语等进行编码，而韩语则采用含路径义动词、格助词、含方向义动词等进行编码。在与名词搭配时，由于汉语和韩语的语序不同，导致介词和格助词在句法上的分布也有所差异，汉语介词前置于 NP，而韩语的格助词后置于 NP。此外，韩语的格助词还可以体现出维度量，即可标示出位移主体通过的空间是点、线或面。

最后，方式要素方面，汉语和韩语都可以通过含方式义的动词及副词编码，且方式状语的出现都受到一定的限制。主要体现在表示时间的状语和表示情感体验的状语不能出现在虚拟位移句中。对于表示位移速度的状语，汉语和韩语都能允准其进入虚拟位移句。

第四章 虚拟位移表达概念建构的认知理据

　　虚拟位移相对于真实位移而言，是一种特殊的运动，这种空间隐喻化的运动体现了认知思维与语言表征的互动，虚拟位移的意义认知来源于真实位移，句法形式也充分体现了说话者对语言的主观性加工。下面本章将对以下几个问题作进一步深入探究：首先，静态的位移主体为什么被赋予了动态的意义；其次，动态义是如何通过语言进行表征的；最后，真实位移和虚拟位移之间具有怎样的关系。

4.1　意象图式

　　意象图式是认知语义学中的重要概念，意象图式是人们在对事物之间基本关系的认知基础上，通过反复感知体验而概括出来的一种抽象的框架结构，也是一种联系抽象关系和具体意象的组织结构，意象图式与身体运动密切相关，主要来源于身体与外部客观世界的接触和互动，人们会把意象图式当作基本结构来理解和认知更复杂的概念，意象图式脱离了具体的形象，而只包含简单的关系。意象图式来源于人们在日常生活中与世界互动的经验，是经验结构的抽象化，是一种简单而基本的认知结构（Ungerer & Schmid 1996：160）。

位移现象的形成，尤其是虚拟位移这种位移主体没有发生任何相对实际移动，但却通过具有位移义的动词或短语进行表述的一种主观的、假想的移动，其背后形成的机制与意象图式关联紧密。位移包括真实位移与虚拟位移，真实位移是位移主体物理的、空间位置的移动变化，描述的是动态的空间场景，时间结构上具有起始、持续与终结的异质过程。不同的位移动词会激活不同的意象图式，以"穿过"和"건너가다（穿过）"为例：

（1）我的眼前白茫茫的，我穿过幢幢高楼，穿过"哗哗"作响的树林，穿过古老的崖石，这些东西都放射出一种冷漠的、没有色调的光，像被记忆遗忘了的某个地方，古旧而虚幻。（残雪《天堂里的对话》）

（2）在阳宗海附近，列车穿过白石累累的高原，无边无际的岩石泛着灰白色的光芒，像是维吉尔放牧的羊群，不时又越过大片大片的红色土地，荒凉而苍茫，村落、耕种者、狗和黄牛都保持着古代的朴素。（《报刊精选》1994 年）

（3）그러는 동안, 그는 참으로 자신의 갈망이 어찌할 수 없다는 사실을 깨달았다. 그래서 어느날 그는 다리를 건너가 헤미의 앞을 가로막아 섰던 것이다.（서영은〈나의 미끄럼틀 그리고 오후〉）

（4）우리들은 며칠에 한 번씩 몇 명이 패를 지어 여의도로 건너가 땅콩밭 서리를 하거나 모래밭을 따라 밤섬까지 걸어갔

다 오기도 하는 따위의 갖가지 '모험' 을 벌였다 . (안정효〈헐
리우드키드의 생애〉)

　　上述两例，均是真实位移，位移主体"我们""列车""그
（他）""우리（我们）"的空间位置发生了实际的移动。"穿
过"和"건너가다（穿过）"的图式结构可以概括为相对于
一个界标，如"狭长低矮和荒凉的丘陵带""整个市区""다리
（桥）""여의도（汝矣岛）"等，射体如"我们""列车""그
（他）""우리（我们）"等在一定时间内，与它不断变化的空间
位置关系（由外到内再到外），其间涉及无数个成分状态，为方
便研究起见，这里仅列出四个典型阶段为代表，如下图9，由图
可知，射体相对于界标位置在不同阶段产生的变化是以总括扫
描的方式识解的，而界标的位置未变化。

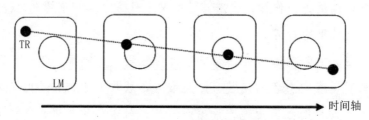

图9　"穿过"的真实位移图式

　　再看"横跨"和"가로지르다（横跨）"的真实位移。如：
　　（5）他要跟外国人来比一比，可惜因为没钱又遭科克伦仗
势拒绝，失去了竞赛的机会。但他雄心并未泯灭，事后他说：
"外国人横跨了我们的长江，我要向科克伦挑战。"（《厦门日报》
1997 年）
　　（6）宝山县葑塘中心学校的杨彪边擦汗边说，他是一早骑

自行车赶来，横跨了整个上海市区大小几十条马路，遗憾的是一路"红灯"太多，来晚了半小时，一本也没买到。(《厦门日报》1986年)

（7）그들은 모두 맨발로 촉촉한 모래밭을 가로질러 물가까지 걸어갔다.(〈네이버사전〉)

（8）마을 앞쪽으로 들판을 가로질러 기차가 석탄 연기를 검게 내뿜으며 지나가게 된 것은 불과 몇 년전이다.(최명희〈혼불〉)

上述两例，在真实位移句中位移动词有明确的时间结构，例（5）和例（6）的实现体标记"了"明示了"外国人、他、그들（他们）、기차（火车）"等位移主体"横跨"这一动作行为的终结。位移动词"横跨"的图式结构概括为相对于界标，如"我们的长江、整个上海市区大小几十条马路、촉촉한 모래밭（湿漉漉的沙滩）、들판（田野）"，射体如"外国人""他""그들（他们）""기차（火车）"在一定时间内与界标的空间位置变化，值得注意的是典型的"横跨"要求的是射体与界标之间是分离的，且射体要运动到界标的上方，而在这里，射体"外国人""他"并没有与界标"我们的长江""整个上海市区大小几十条马路"分离，而是相互连接。因而其图式可以表示为：

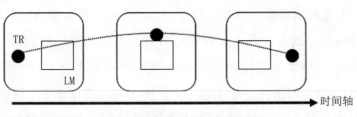

图10 "横跨"的真实位移图式

真实位移与虚拟位移由于位移动词的时间结构不同，一个表示动作，一个表示状态，相同的位移动词在真实位移与虚拟位移中所激活的意象图式也不尽相同，侧显（profile）对象上也会有差异。虚拟位移在本质上是赋予静态物体以动态特征的"以动写静"，不凸显时间起始与终结的变化过程，具有均质性。同样先以"穿过""지나가다（穿过）"为例：

（9）山上有滴水瀑布、白虎洞岩、泉水漫涌、岩画生情。包兰铁路、石嘴公路并行从红果子腹地穿过，红果子客站正在建设中。(《报刊精选》1994 年）

（10）印度洋大部分位于热带，赤道和南回归线穿过北部和中部，年表面平均温度达 17 ℃左右，仅次于太平洋。(《中国儿童百科全书》编委会《中国儿童百科全书》)

（11）싱크대 내부 손질 제대로 정리되지 않고 어수선한 싱크대 수납장 모습. 특히 싱크대 배수관이 지나가기 때문에 효율적인 수납이 어렵다. (중앙일보사〈라벨르 9 월호〉)

（12）그러니 강원도가 그렇듯 웨스트 버지니아 역시 개발의 손이 덜 미친 곳이다. 주의 한가운데를 애팔래치아 산맥이 지나가서 산의 서쪽과 동쪽을 연결하는 도로가 부실한 것도 현실이다. (〈조선일보〉2003 년)

上述两例是虚拟位移，位移动词"穿过"没有明确的起始、持续与终结的变化状态，没有过程性，表达的是位移主体"铁路公路""格罗塞斯特公爵大街""排水管（排水管）""애팔래치아 산맥（阿巴拉契亚山脉）"空间走向的静止状态，因而不能与实现体标记"了"、经历体标记"过"或已然义副词"已

经、刚刚"等共现。因而在时间轴上仅表现为状态的持续存在，没有过程变化，其图式结构表现为：

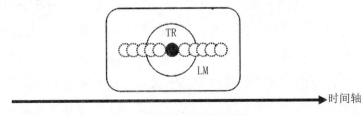

图 11　"穿过"的虚拟位移图式

再看虚拟位移中"横跨""가로지르다（跨越）"的图式特征。如：

（13）世界最大的钢结构拱桥——上海卢浦大桥拱形桥梁拼装已完成 80%。昨日上午，浦东侧一段重三百多吨的钢梁被稳稳地提起。从浦江岸边远眺，大桥已露出雏形，巨大的钢拱像一道彩虹横跨两岸。（《厦门晚报》2002 年）

（14）内蒙古横跨三北，东西绵延八千里，军分区、人武部驻地分散。长期以来，民兵训练经费采取层级拨付、自行管理的方式进行，存在工作量大、效率较低和监管困难等问题。(《解放军报》2017 年）

（15）또 사당동으로 넘어가는 남태령（예전에는 여우고개）은 관악산에서 우면산으로 이어지는 산줄기를 가로지르고 있으며, 그 고개길 주변에는 수 많은 거목들이 있었다 . (과천문화원〈과천향토사〉)

（16）홀 중앙을 가로지른 긴 나무 테이블 위에는 고급스러운 디자인의 장식품들이 조화롭게 놓여 주인의 훌륭한 인테리

어 감각을 드러낸다.(〈경향신문사〉1994년)

上述两例，分别是描述静态物体"巨大的钢拱""内蒙古""남태령（南泰岭）""나무 테이블（木桌子）"的空间位置及走向，静态物体就实质上看并没有发生物理上的真实移动，之所以运用位移动词"横跨""가로지르다（跨越）"赋予其动态特征，原因是通过转喻将叙述者视线的变化转移到静态物体上。位移动词"横跨""가로지르다（跨越）"虽然也关联两个空间，但是动词本身没有起始、持续和终结的变化过程，而是一个具有均质时间结构的状态，其图式结构可以表示为：

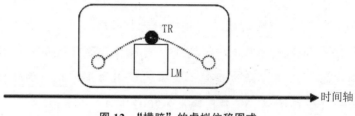

图 12 "横跨"的虚拟位移图式

综上所述，将位移分为真实位移与虚拟位移是有意义的，真实位移关注的是位移主体在空间中发生了实际的真实移动，与时间结构相联系，在时间轴上表现起始、终结等变化过程，因而句法上可以与实现体标记"了"、经历体标记"过"或已然义副词"已经、刚刚"等共现，概而言之就是在真实位移的表述中，位移动词是有界（bounded）的状态，而虚拟位移所关注的是不可移动的静态主体在空间的位置走向，是一种假想的运动，位移动词在时间轴上没有起始、终结等变化过程，也就是说，在虚拟位移表达中，位移动词是无界（unbounded）的状态。两种位移在句法和语义上，以及在时间轴上的不同呈现，反映出二者的意象图式结构有明显的区别，意象图式具有体验性，不同的运动模式可以将具身经验运用于无数个具体的位移运动中，进而构成空间关系和空间中运动的动态模拟表征，继而对动态模拟表征进行抽象化，形成概念结构，因此不仅动态的物体可以位移，静态的物体也可以位移，但形成的是不同的位移图式。

4.2 隐喻与转喻

4.2.1 隐喻

如 1.4 所述，隐喻来源于两个具体事物的经验关系，或来源于一个具体事物与某隐喻化的具体事物之间的关系，是通过一个概念域来理解另一个概念域的方式。虚拟位移中的隐喻机制指的是借助于位移动词所激活的理想认知模式（ICM），将源域（source domain）主体所具有的属性映射到虚拟位移主体这一目标域（target domain）的过程。如：

（17）中国古代神话传说中五大力士开山劈路的剑阁、梓潼和青川三县路段，152 座总长 20 公里的桥面跨越深沟险壑和滑坡地段，<u>道道银灰色的长桥缠绕在川北片片翠柏林间</u>，显得格外壮美。（新华社 2002 年 12 月份新闻报道）

（18）<u>新桥</u>设计成通透性强，具有民族特色的拱桥，它的宽是旧桥的 3 倍，长 281 米多，形似天鹅展翅，<u>腾跃在漓江之上</u>，与奇山秀水相互辉映，成为一道新的景观。（新华社 2001 年 7 月份新闻报道）

例（17）的位移动词"缠绕"基于百科知识激活的原型主体是"线绳带状"类物体，激活的理想认知模式是"线绳带状＋缠绕"，这一源域主体与目标域"道道银灰色的长桥"构成相似性的跨域映射，源域具有的显著结构特征包括：狭长性、空间延展性、可弯曲性，在理解的过程中，源域的各种显著结构特征就被系统地映射到了目标域"长桥"上；例（18）的位移动词"腾跃"基于百科知识激活的原型主体是人或动物，激活的理想认知模式是"人/动物＋腾跃"，该源域主体与目标域"新桥"构成概念结构的相似性映射关系，源域具备的显著结构特征包括：能动性、可弹跳、可跨越，这些概念结构的显著结构特征就被系统地映射到了目标域"新桥"上。

Lakoff & Johnson（1980：14–25）把隐喻分为三类：方位隐喻（orientational metaphor）、实体隐喻（onto-logical metaphor）和结构隐喻（structural metaphor）。"方位隐喻"指的是叙述者借用空间方位关系来描述处于非空间关系中的对象，它主要涉及表示空间和方位关系的若干概念，如上下（up-down）、前后（front-back）、内外（in-out）、中心—边缘（central-peripheral）等；"实体隐喻"指的是将那些较为抽象的经验，如事件、行为、情感、观念等视作有形的实体或物质，即把无形的事物有形化、把抽象的概念具体化，这样抽象的事物就被赋予了具体的特征；"结构隐喻"指的是通过一个结构清晰、界限分明的概念去建构另一个较为模糊的、抽象的概念，两个概念的认知域是不同的，前者概念域中的相关概念可以系统地映射到后者的概念域中，因此，结构隐喻是最容易被人们所观察和认识的一类隐喻。

通过以上分析，我们认为，结构隐喻是虚拟位移隐喻机制的表现形式，虚拟位移常常会借用具有高度构造性或简单描述性的、形状具象的物体来对虚拟位移的主体进行描述与刻画，使得静态物体的空间方位特征更加明晰、直观。如：

（19）驱车滨江路，不禁让人感慨万端。重庆城一边是陡坡，一边是江边泥沙，而<u>滨江路就像环绕在美丽山城腰身上的缎带，蜿蜒曲折</u>，气势恢宏。(《人民日报》1996年)

（20）大雪把公路也遮盖了，只是路中间有几道被来往车辆深深压出来的<u>车辙，像轨道似的伸向远方</u>。路上几乎见不到行人。(彭荆风《绿月亮》)

（21）无论是苍山如海的乌蒙山区，还是山高谷深的苗岭山麓，到处可以看到：<u>条条公路宛如巨蟒长蛇向崇山峻岭之中蜿蜒伸展，座座桥梁犹似彩虹在急流险滩上凌空飞渡</u>，车辆在公路上川流不息。(《报刊精选》1994年)

事物之间的象似性是隐喻的基础，所以在隐喻的理解过程中，喻体的一些特征会向本体映射或转移，并成为本体特征的一部分，本体因此而获得新的理解。如例（19）中位移主体"滨江路"与"缎带"原本属于不同的范畴，将"滨江路"说成"缎带"是一种"范畴错置"(category mistake)，"缎带"的属性特征与"滨江路"的概念特征建立了相似性的对应关系，"滨江路"的形状可以从"缎带"的属性特征获得较为具体的认知。隐喻包含认知域之间的映射，即某特征从一个域被投射到了另一个域中，映射的基础（喻底）是该特征为源域和目标域所共享，即它们具有相似性（束定芳 2004：27）；例（20）的"车辙"印与"轨道"也属于两个不同的认知域，"狭长性"和"空间延展性"是源域和目标域所共享的特征，是跨域映射的基础，"车辙"的属性特征与"轨道"的概念特征建立了相似性的对应关系，"车辙"的样态可以通过"轨道"的属性特征获得较为具体的认知；例（21）中，喻体"巨蟒长蛇"所具有的长条形和弯曲的特征向本体"条条公路"映射，成为本体特征的一部分，使其获得具象化的认知，喻体"彩虹"和本体"座座桥梁"也是如此。韩语例句如下：

（22）마을 뒷쪽으로 주봉을 이루고 있는 관음봉은 고깔처럼 뾰족하게 하늘로 치솟아 오른 모습이 영락없는 법승의 머리를 연상케 하였고, 그 정봉을 한참 내려와 좌우로 길게 펼쳐 내려간 양쪽 산줄기는 앉아 있는 법승의 장삼자락을 형성하고 있었다.（고려대학교 교양국어실〈문장연습〉）

（23）개펄을 메우기 위해 몇 해 전만 해도 우뚝 솟아 있던 산이 송두리째 사라져버렸고, 방조제는 변심한 애인같이 끝없이 바다 쪽으로 뻗어나가고 있었다.（〈조선일보〉2001 년）

（24）공원에 존재하는 것들이 쏟아져 내리는 것을 갓길과 국도가 방어하는 형국처럼 보이기도 하고, 그 반대로 공원에 존재하는 것들이 갓길과 국도의 침입을 막는 것처럼 보이기도 하는 시멘트 블록이 장성처럼 길게 뻗어나가고 있었다.（김종광〈경찰서여, 안녕〉）

例（22）的源域是"고깔（尖顶帽）"，目标域是"관음봉（观音峰）"，映射的基础是二者共有的某一特征，比如"뾰

족하다（尖细）"。源域属于自然物的范畴，而目标域属于形状物，这是明显不同的范畴，源域的"뽀족하다（尖细）"的特征较之目标域更为突出和明显，因此我们通过源域特征来理解目标域的相应特征。束定芳（2002：98）指出，语义冲突是隐喻产生的基本条件，也是隐喻的突出特点之一。语义冲突（或偏离）是指语言意义组合中违反语义选择限制或常理的现象，语义冲突可以发生在句子内部，也可以发生在句子与语境之间，例（23）就是一个很好的例子，"방조제（防潮堤）"和"변심한 애인（变心的恋人）"属于不同的事物，把二者等同起来在逻辑上构成了冲突，但这恰恰是隐喻的妙处，它提供了一种以此说彼的可能，因为叙述者意欲通过"변심한 애인（变心的恋人）"的某些特征传达观察对象——"방조제（防潮堤）"的空间走向特征，在两种截然不同的事物之间，利用其某一方面的相似传达一种特殊的信息。例（24）中，源域"장성（长城）"的狭长性、空间延展性等特征映射到了"시멘트 블록（水泥砖块）"这一目标域，我们通过源域特征来理解目标域的相应特征。

4.2.2　转喻

虚拟位移的转喻机制指的是虚拟位移主体与概念框架内的某一事物存在一种"唤起"（evoke）关系，这一事物通常指的是观察者的视线，即位移主体没有发生实际移动，而观察者的视线发生了实际移动。视线以虚拟位移主体为载体，静态主体的移动转喻视线的移动，联结了抽象的视线与具体的位移主体之间的单域内部的转喻映射，Langacker（1999：199）把转喻的这一特点称作"参照点"（Reference Point）现象，即虚拟位移主体作为一个参照点，为视线的移动提供心理可及性。如：

（25）元江南岸遍是<u>层层叠叠的梯田</u>，有的高达数百级，<u>从河谷一直延伸到山顶</u>，梯田内还养鱼，堪称哀牢山区的鱼米之乡。（《中国儿童百科全书》编委会《中国儿童百科全书》）

（26）<u>田里一笼笼四散开来的薰衣草和挺拔的向日葵排成整齐的行列一直伸向远方</u>，田边斜着一棵苹果树，不远处几栋黄墙蓝木窗的小砖房子。（《中国日报》2010 年）

（27）<u>一条残存的古罗马渡槽从南向北而来，一条崭新的现代化水渠由西向东而去</u>。它们在北非这块干旱的土地上垂直交叉，交相辉映。（《人民日报》1996 年）

上述三例，观察者的视线以"层层叠叠的梯田、四散开来的薰衣草和挺拔的向日葵""一条残存的古罗马渡槽"和"一条崭新的现代化水渠"为载体和参照点，观察者的视线"从河谷一直延伸到山顶""一直伸向远方""从南向北而来、由西向东而去"的位移变化转喻为"层层叠叠的梯田从河谷一直延伸到山顶""四散开来的薰衣草和挺拔的向日葵一直伸向远方""古罗马渡槽从南向北而来、现代化水渠由西向东而去"。

Radden & Kövecses（1999：17-43）根据 ICM 中转喻喻体和转喻目标之间的关系，将转喻分为两大类：一类是整体与其部分之间的转喻（Whole ICM and its part［s］），另一类是整体中不同部分之间的转喻（Parts of an ICM）。第一类转喻主要包括整体转指部分和部分转指整体两种情况；第二类涉及部分之间转指关系的 ICM 通常都与事件相关，我们可以将事件看作由与参与者角色（participants）构成的整体。以动作 ICM 为例，它可以看作是由施事、受事、工具、方式、途径、时间、地点、结果等部分构成的整体，这些部分之间会产生特定的关联，例如以施事代动作、以工具代动作、以方式代动作、以途径代动作、以结果代动作等等。

　　虚拟位移主要涉及第二类转喻，即整体 ICM 中不同部分之间的转喻。虚拟位移事件可看作一个由观察者、观察对象、运动、路径、背衬等不同部分构成的整体，各部分之间可能会产生一定的关联，这些关联成为虚拟位移中转喻形成的条件。虚拟位移是观察者在观察某一静态实体时，赋予其动态的位移特征，主体没有发生任何实际移动，真正移动的是观察者的视线。因此虚拟位移事件的转喻机制表现为：以观察对象的形状或空间方位来指代观察者的视线移动。例如：

　　（28）采煤导致明显的地面沉降，麦田里四处可见长长的裂缝延伸到远方，一些裂缝甚至能够伸进手臂，而在北程村西侧出现了一个塌陷天坑。（《中国新闻网》2011 年）

　　（29）在形态万千的雅丹林中，众多的大型筑路机械在繁忙地运行。一条平坦宽阔的公路路基穿越一个个姿态各异的风蚀残丘蜿蜒远去。（新华社 2003 年 11 月新闻报道）

　　（30）既然两位女士不在，我们不妨从花园那边过去，路近多了。我们的眼前是一条两边种植着旱金莲的花径，它在阳光的直射下向高处伸展，直达宅门。（马塞尔·普鲁斯特《追忆似水年华》）

例（28）的位移动词"延伸"赋予了"长长的裂缝"以移动的语义特征，然而真正发生实际移动的并不是"长长的裂缝"，而是观察者的视线。观察者的视线是无形的，但它以有形的观察对象为依托和载体，沿某一特定的方向移动并"延伸到远方"。观察者与观察对象的关联触发了以"静态实体的虚拟位移"来指代"视线移动"这一转喻。例（29）和例（30）中的虚拟位移主体分别为"公路路基"和"花径"，而实际发生真实移动的主体是"视线"，是无形物，但转喻机制将无形实体的移动投射到了有形的物理空间，形成源域（公路路基、花径）和目标域（视线）之间的映射，从而使静态实体的虚拟位移表述能够被接受。再看韩语例句：

（31）용산 미군기지가 옮겨가고 공원이 조성되면 '2002 월드컵 기념공원'이라고 이름짓고, 상암동에서 뻗어가는 강변 북로도 '월드컵대로'로 바꿔 부르겠다고 약속했다.（〈중앙일보〉2003 년）

（32）산기슭을 따라 울창한 전나무와 소나무 숲이 끝없이 펼쳐져 있다.（〈한국외대 한국어학습사전〉）

（33）으응, 그러니깐 차현이란 말하자면 지금의 차령산맥 이남이라고 봐야지. 차령산맥이 안산, 천안 지방에서 청양을 지나 북서부인 보령까지 이어지면서 충남을 양분한다는 거 아냐.（김소진〈열린 사회와 그 적들〉）

例（31）到例（33）的虚拟位移主体分别为"강변북로도（江边北路）""전나무와 소나무 숲（冷杉林和松树林）"和"차령산맥（车岭山脉）"，而发生真实位移的都是观察者的视

线，视线的移动以观察对象——"강변북로도（江边北路）""전나무와 소나무 숲（冷杉林和松树林）"和"차령산맥（车岭山脉）"为依托和载体，将无形的视线移动投射到有形的物理空间，并沿某一特定的方向移动，因此发生"상암동에서 뻗어간다（从上岩洞延而去）""끝없이 펼쳐져 있다（无限地伸展）""안산, 천안 지방에서 청양을 지나 북서부인 보령까지 이어진다（从安山、天安地区经过青阳，一直延伸到西北的保宁）"的并不是静态实体，而是观察视线。观察视线与观察对象的关联触发了以"静态实体的虚拟位移"来指代"视线移动"这一转喻。使得这一不符合客观实际情况的表述得以在语言层面实现，从而使"강변북로도（江边北路）""전나무와 소나무 숲（冷杉林和松树林）"和"차령산맥（车岭山脉）"的虚拟位移表述成为可能。

隐喻和转喻还可在不同层面作用于虚拟位移主体。如：

（34）<u>黄颜色的道路、锃亮的火车轨道以及蓝色的运河像丝带一样在城市和村落间蜿蜒向前</u>，林切平市围绕着大教堂铺展开来，就像珍珠饰物围着一块宝石，而乡间的院落则像小巧的胸针和纽扣。（塞尔玛·拉格洛芙《尼尔斯骑鹅历险记》）

（35）<u>굵직굵직한 가지들이 거인의 근육처럼 기운차게 뻗어올라가고</u> 언제나 짙푸른 나뭇잎들이 무성하여 하늘을 가릴 듯했다.（최인석〈아름다운 나의 귀신〉）

例（34）中"丝带"（源域）的线性、狭长性的概念结构特征与"黄颜色的道路、锃亮的火车轨道以及蓝色的运河"（目标域）构成了隐喻映射关系，同时，观察者的视线以"黄颜色的

道路、锃亮的火车轨道以及蓝色的运河"为参照点，"黄颜色的道路、锃亮的火车轨道以及蓝色的运河蜿蜒向前"转喻视线的移动；而例（35）的"굵직굵직한 가지들（粗壮的树枝）"（源域）具有"粗壮、结实、狭长"的概念结构特征，这与"거인의 근육（巨人的肌肉）"（目标域）构成了隐喻映射关系，并且，观察者的视线以"굵직굵직한 가지들（粗壮的树枝）"为依托和参照，"굵직굵직한 가지들이 뻗어올라간다（粗壮的树枝向上伸展）"转喻视线的移动"。

例（34）和例（35）是概念隐喻和概念转喻共同发挥作用的典型例子。由此可知，虚拟位移表达中的隐喻和转喻并不是非此即彼的互补关系，而是相辅相成的合作关系。

4.3　概念整合

整合理论是认知语言学的一个重要理论，在实际的话语理解过程中，要理解语言的意义，就要研究人们在交谈或听话过程中形成的认知域，交谈时，我们的大脑会激活关于人、事、物和事件的各种语言与非语言的知识框架，并存储在工作记忆中，Fauconnier（1985）称之为心理空间（Mental Space）。心理空间是人们在谈论某物或某种关系时，在思维中建构的暂时的、在线的话语信息集装箱。20 世纪 90 年代，Fauconnier 进一步提出了概念整合理论，并将其发展成为话语理解和话语管理的一个综合性的认知理论。

概念整合理论为分析虚拟位移的建构过程提供了一个很具有解释力的理论框架，因为从概念整合的角度来看，虚拟位移表达涉及静态场景描写和动态位移描述，是二者相互整合的结果，虚拟位移表达正是整合操作后的创新结构。这一小节将运用概念整合理论分析虚拟位移事件意义建构的认知机制，进一步阐释虚拟位移句的形式和意义之间的关系。

4.3.1　虚拟位移表达的概念整合形式

沈家煊（2006）对概念整合的基本类型作了深入的考察，他指出，从实际语言事实来看，整合可分为两种类型：糅合型整合和截搭型整合。"糅合型整合"是将两个相似的事件整合在一起，并产生新的意义，它与"隐喻"（metaphor）有关，即用一个概念来描述另一个相似的概念，因此"糅合型整合"也可称作"隐喻型整合"；而"截搭型整合"一般是指将两个相关的事件整合在一起，产生新的概念意义，它与"转喻"（metonymy）有关，即用一个概念来指称另一个相关的概念，因此"截搭型整合"也可以称作"转喻型整合"。虚拟位移表达的形成涉及以上两种整合类型，下面分别阐述这两种类型的整合机制和过程是如何在虚拟位移中发挥作用的。

（一）糅合型整合

糅合型是将两件相似而不一定相关的事情整合在一起，糅合型虚拟位移就是将动体的空间位置移动与静态物体所占的空间范围及方位整合在一起，两个事件的整合产生了新的概念意义。例如：

（36）阵地，阵地不大，屏风样地立在半边山上，山那边是崖，哨所就在山崖上，一条中越共有的<u>小路</u>，<u>像一根长长的线缠绕在山</u>

坡上，哨所就是线顶端的那只风筝。(赵绪奎《除夕夜哨所》)

隐喻是从一个概念域向另一个概念域的"映射"(mapping)，这里一个事件域是"线在某物上缠绕"，另一个事件域是"小路在山坡上"，"线"和"小路"的相似之处是"长条形""弯曲状"；不同的是"线"具有"柔软""占空间小""可移动"的特点；而"小路"具有"坚硬""占空间大"和"不可移动"的特点。但是，如果只讲映射不讲整合，就只能表明"小路在山坡上"这种存现关系，而不能体现"小路"和"山坡"的依附方式，即位移主体与背衬的相对位置关系，而这一新的"浮现意义"正是整合的产物。上例的概念整合图式如下：

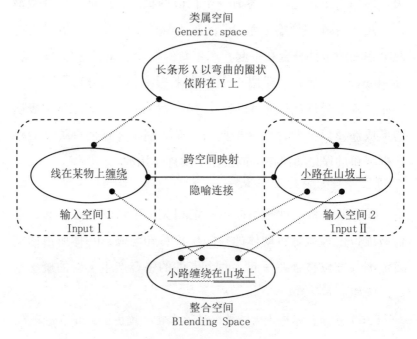

图 13　例 (36) 的概念整合图式

　　"线在某物上缠绕"是动态位移事件，是物理世界中的现实位移域，"小路在山坡上"是静态空间场景，两个事件描述的是不同的状态，但是这两个概念域之间又有对应关系，体现在一个"类属空间"中，这个类属域就是"长条形 X 以弯曲的圈状依附在 Y 上"，类属空间的抽象意义和结构元素映射到输入空间，是认知对抽象类概念的具体化，两个输入空间发生隐喻映射，隐喻是分属于不同域阵的两个域之间的映射，是用一个域的结构来对另一个域进行范畴化，即隐喻是一种跨域映射（Lackoff & Johnson 1980：127）。因此，图式中的两个虚线方框各代表两个不同的域，即源域和目标域并不形成相关概念的域阵。在整合的过程中，两个输入空间分别将"线的移动方式"和"位移主体、背衬"输入到第三个空间——整合空间，它们在整合空间中合二为一，给人以"小路缠绕在山坡上"这种虚拟位移的整体意象，这个整体意象"回投"到小路上，从而产生出"小路在山坡上呈现弯曲的圆圈状"的"浮现意义"。韩语例句如下：

　　（37）이 하천 좌우로는 <u>산줄기가 남북으로 달리고 있고</u> 그 사이의 협곡으로 평야지대가 펼쳐지고 있다.（송기호〈발해를 찾아서〉）

　　例（37）的一个事件域是"어떤 사람이 남쪽 / 북쪽부터 북쪽 / 남쪽으로 달리고 있다（某人从南向北 / 从北向南奔跑）"，另一个事件域是"산줄기가 남북으로 향해 있다（山脉的走向是南北向）"，这里将"산줄기（山脉）"隐喻为具有能动性的人或物，两个域之间形成了隐喻映射，图式如下：

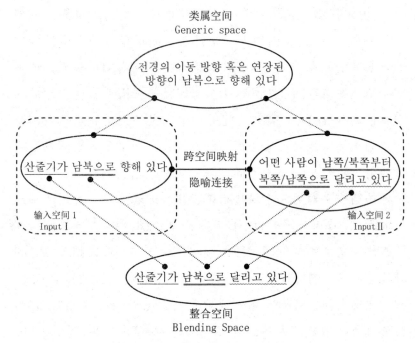

类属空间
Generic space

전경의 이동 방향 혹은 연장된
방향이 남북으로 향해 있다

跨空间映射

산줄기가 남북으로 향해 있다

隐喻连接

어떤 사람이 남쪽/북쪽부터
북쪽/남쪽으로 달리고 있다

输入空间 1
Input I

输入空间 2
Input II

산줄기가 남북으로 달리고 있다

整合空间
Blending Space

图 14 例（37）的概念整合图式

如图所示，类属空间包含了两个输入空间在概念整合网络的发展过程中的共有部分，即"전경의 이동 방향 혹은 연장된 방향이 남북으로 향해 있음（主体的移动方向或者延展方向是南北向）"，它映射到两个输入空间，在输入空间 1 中，"어떤 사람이 남쪽 / 북쪽부터 북쪽 / 남쪽으로 달리고 있다（某人从南跑到北 / 从北跑到南）"表达的是动态位移，而在输入空间 2 中，"산줄기가 남북으로 향해 있다（山脉的走向呈南北向）"体现的是静态场景，两个输入空间之间，部分对应成分构成隐喻连接，即"산줄기（山脉）"是本体，"사람（人）"是喻体，跨空间映射将二者联系起来，经过组合后的浮现结构

是"산줄기가 남북으로 달리고 있다（山脉向南北奔跑）"，即虚拟位移，经过完善后的浮现意义是"山脉的空间走向呈南北向"。

（二）截搭型整合

截搭型整合指的是将两个具有相关性的事件整合在一起，转喻结构把两个具有相关性而不具有相似性的事件整合在一起产生新的概念意义，截搭型虚拟位移就是将观察者视线的移动与位移主体的空间位置及走向整合在一起。例如：

（38）这里崇山峻岭，一条蜿蜒曲折的道路顺谷底延伸，两边的大山高耸入云，山崖峭壁像刀斧修理过的一样。（《报刊精选》1994 年）

从整合的角度看，例（38）可看作是两个事件截搭的结果，一个是"道路位于谷底"，另一个是"视线顺着谷底移动"。这两个事件具有相关性，"道路"是"视线"的观察对象，"道路"也是"视线"的依托，是用"道路"的空间方位及走向转指"视线的移动"，二者形成的是"ab—xy"的线形链条，它们的整合是观察物与被观察物的整合，属于截搭型。例（38）的图式如下：

例（38）的"观察视线"与"道路"两者具有依附关系，是两个相关的概念，输入空间 1 是所指空间，输入空间 2 为表征空间，二者形成转喻映射，即用"观察物"来转指"被观察物"。但与隐喻不同的是，转喻"只涉及一个概念域，即转喻映射是单域内部映射，而不是跨域映射"（Lackoff & Turner 1989：103）。因此图中虚线方框表示单域内部映射。例句的浮现意

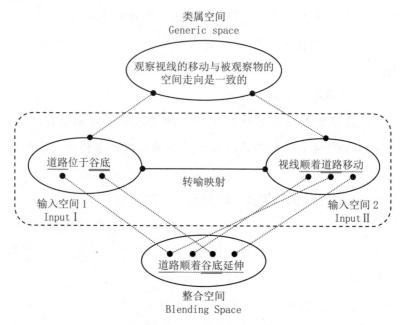

图 15 例（38）的概念整合图式

义——"道路的空间走向是沿着谷底的"是两个概念深度整合
之后产生的结果，"视线沿着道路延伸"和"道路位于谷底"初
步整合，整合后的意思是"通过观察发现道路是沿着谷底而存
在的"，但这一整合的程度还不高，"观察视线移动"是因，"道
路的空间走向"是果，因和果是两个"相关"概念，而并非
"相似"概念，因和果的整合属于截搭型整合。"道路顺着谷底
延伸"这一虚拟位移表达的产生是"观察过程"和"观察结果"
概念的进一步整合，这一深度整合将因和果合二为一、融为一
体，因此虚拟位移句"道路顺着谷底延伸"是截搭型整合的产
物。下面是韩语例句：

（39）덩굴이 벽을 타고 뻗어 간다.（〈고려대한중사전〉）

例（39）可以看作是两个事件的截搭，一个是"덩굴이 벽
에 붙어 있다（藤蔓贴着墙壁）"，另一个是"시선이 덩굴에 따
라 이동한다（视线沿着藤蔓移动）"。这两个事件具有相关性，
"덩굴（藤蔓）"是"시선（视线）"的观察对象，"덩굴（藤
蔓）"也是"시선（视线）"的依托，是用"덩굴（藤蔓）"
的空间方位及走向来转指"视线的移动"，二者形成的是"ab—
xy"的线形链条，它们的整合是观察物与被观察物的整合，属
于截搭型。例（39）的图式如下：

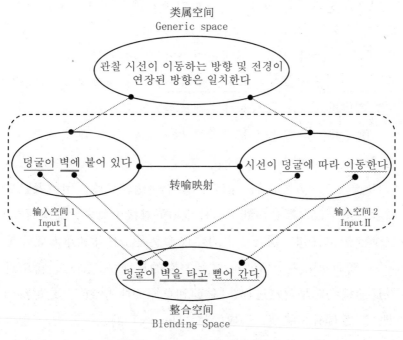

图 16　例（39）的概念整合图式

如图所示，例（39）包含了"观察物—被观察物""观察过程—观察结果"意义上的相关性，通过截搭整合使句子产生了新的意义，描述了"덩굴（藤蔓）"和"벽（墙壁）"的相对位置关系。

（三）糅合与截搭共存

以上两个小节分别分析了糅合型与截搭型虚拟位移的概念整合，然而有的虚拟位移整合既是糅合型的又是截搭型的，或者换句话说，从一个角度看是糅合，从另一个角度看是截搭。例如：

（40）秋光跟随我的喜悦，在这里的每一粒砂石上跳跃。无边的林莽和草滩接天而来，铺地而去。满目苍翠覆盖着群山、峡谷、乡野和村庄。（《人民日报》1998 年）

（41）在我们面前，展现出一个辽阔灿烂的世界。大片大片的田野伸入朦胧雾气笼罩的天地尽头，河流湖塘像银线串起的一颗颗璀璨的珍珠。（权延赤《红墙内外》）

例（40）可以看作是两个事件／概念——"某人来和去"与"林莽和草滩占据的空间"的糅合，这两个概念形成的是"a:b=x:y"的方阵格局，前者的动作性比较具体，用前者隐喻后者，两个概念糅合得到了"林莽和草滩接天而来，铺地而去"这个虚拟位移句，糅合产生的浮现意义是"林莽和草滩无边无际"。然而从另一个角度看，"观察者的视线由远及近，再由近及远的移动"是观察过程，"林莽和草原的所占空间"是观察结果，二者具有相关性，形成的是"ab—xy"的线形链条，"观察物"与"被观察物"的整合是截搭型整合；例（41）亦是如此，一方面可以看作是"某物体的真实位移"与"位移主体空间特点"的糅合，另一方面也可以看作是"观察视线的移动"与"被观察物空间特点"的截搭。再来看韩语的例句：

（42）철도는 없으나 영동 고속 도로가 동서로 지나고 있어 서울, 강릉권과의 교통이 편리하다.（《계몽사학생백과사전》）

（43）고개를 넘으면 허냉（虚冷）한 달빛 아래 곡절하는 시냇길이 높고 깊고 그윽하고 눈이 쌓여 희끗희끗한 삼각산 기슭의 송림 속으로 깊숙이 기어올라간다.（신석초《시는 늙지 않는다》）

例（42）可以看作是两个事件/概念——"어떤 사람이 동쪽/서쪽부터 동쪽/서쪽으로 지난다（某人自东向西/自西向东穿过）"与"영동고속도로（岭东高速公路）"的糅合，这两个概念形成的是"a∶b=x∶y"的方阵格局，前者的动作性比较具体，用前者隐喻后者，两个概念糅合得到了"영동고속도로가 동서로 지나고 있다（岭东高速公路贯穿东西）"这个虚拟位移句，糅合产生的浮现意义是"岭东高速公路的空间走向是东西向"。然而从另一个角度看，"观察者的视线移动"是观察过程，"公路的走向"是观察结果，二者具有相关性，形成的是"ab—xy"的线形链条，"观察物"与"被观察物"的整合是截搭型整合；例（43）从一个角度可看作是"某物体的真实位移"与"位移主体形状与空间方位"的糅合，从另一个角度也可以看作是"观察视线的移动"与"被观察物的空间方位"的截搭。

4.3.2 虚拟位移表达的意义建构

意义是特征了的、概念化了的东西，话语意义是同人的心智的关系，而非同世界直接的关系，语言表达形式是人的心智体验表征，语言不是实体的存在，而是意义的存在（徐盛桓2007：11）。语义并不是概念容器中的存放物，而是有生命的、活跃的，具有动态性和分布性。意义不是限定在概念容器中的心理物品，而是投射、联结、将多个空间进行融合的复杂运算（王寅2002：61）。概念整合将话语表征空间输入（presentation space input）和所指空间输入（reference space input）信息通过跨空间部分映射匹配，有选择地投射到第三空间，即整合空间（blended space）对输入概念进行意义整合，这种整合涉及认知模型的建立，整合认知模型是由多选输入模型的一些结构并通过整合过程中的创新结构而形成的。图式如下：

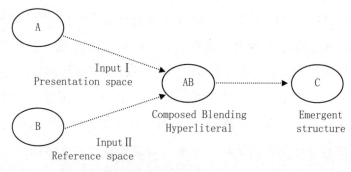

图 17　概念整合的意义结构模型（王正元 2009: 42 ）

如上图所示，输入空间Ⅰ、Ⅱ将部分结构投射到整合空间，并对信息进行整合，当输入空间Ⅰ中的 A 和输入空间Ⅱ中的 B

差别很大的时候，概念整合会产生新创意义，即浮现意义 C。
Fauconnier & Turner（2002）认为概念整合的意义成因涉及类
属空间、表征空间、所指空间和整合空间，新概念和新意义的
产生都在这四个空间中进行。输入空间为其他空间提供关系或
结构，两个输入空间的部分结构或关系有选择性地投射到整合
空间。整合空间是整合网络的核心所在，它是一个组织和发展
相关空间的整合平台，将相关事件整合成一个更为复杂的事件，
通过"组合""完善"和"扩展"三种整合运作产生浮现结构，
在概念隐喻、转喻等机制的作用下整合产生新的意义，即浮现
意义。例如：

（44）古老的银杏树、菩提树依然生机勃勃；年逾二百的一
棵买麻藤，仍似一条生龙活虎的巨蟒，在林中潇洒地穿行；而
那被称为"活化石"的杪椤，竟然是恐龙时期的孑遗植物！
（《人民日报》2000 年）

例句中的"一棵买麻藤"是叙述者构建的心智所指空间输
入，"似一条生龙活虎的巨蟒"是表征空间输入，这个空间对所
指空间"买麻藤的形状及空间走向"脚本起着理解作用，表征
空间向所指空间的呼应映射形成了超字面表征概念的整合，通
过"巨蟒"类推出"买麻藤"的形状特征，表征空间与所指空
间的性质呼应映射在整合空间中生成"买麻藤在林中穿行"，这
种整合概念是通过创新结构实现的。创新结构的成因不在于跨
域映射，而在于整合空间推理，因此创新结构是概念整合中的
产物，概念整合中的多项输入模式的整合过程是人的心智体验
激活和推理的过程。例（44）的意义成因机制如下图所示：

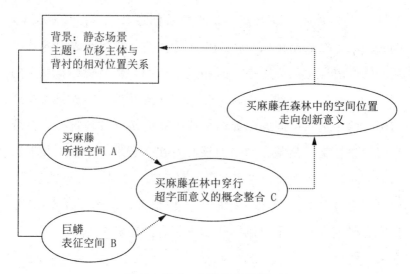

图18 例（44）的意义形成机制

"买麻藤在林中穿行"的意义来自所指空间和表征空间两个方面输入象似性图式特征的激活，在真实位移与虚拟位移的概念整合中，是特征关系起了作用，其中更为重要的是表征空间和所指空间输入在共容空间中激活心智图式而产生心智概念的最后整合。意义的建构是多种信息、知识、概念心智整合的结果，意义最后形成于人的心智空间。再如：

（45）草地绵绵延延，<u>一直伸向长势茂盛的树林</u>，在那里被矮树丛截断；草地要应付使用已经是绰绰有余了。（考琳·麦卡洛《荆棘鸟》）

（46）无论晴雨，西湖没有一个角落不使游客屏息惊叹。<u>两道长堤跨过湖面</u>，一是白堤，一是苏堤，分别由唐朝白居易和宋朝苏东坡这两位大诗人所建立。（《读者》）

（47）가로세로로 구획지은 밭담들이 지형에 따라 구불구불 겹겹이 연이어 뻗어가며 철 따라 감자며 양파며 마늘이 싱그러운 초록을 발하고 있다.（유홍준〈나의 문화유산답사기〉）

（48）내륙쪽 인공호수도 바다처럼 수평선을 긋고 있는데, 고압전선을 늘어뜨린 높은 송전탑의 대열이 그 넓은 물을 건너간다.（유홍준〈나의 문화유산답사기〉）

例句中的隐喻意义是静态与动态整合的结果："草地""长堤""밭담（围墙）"和"송전탑의 대열（一排电缆塔）"空间延伸的静态结构同运动射体抽象的、想象的图式之间的整合，这种整合基于静态物和意象图式之间的映射关系，整合空间把静态实体和意象射体两个成员整合为一体。在位移事件中，射体沿着某一方向运动，其中，射体是不确定的抽象物，而静止事件中的位移主体是具体的事物，即"草地""长堤""밭담（围墙）"和"송전탑의 대열（一排电缆塔）"。

整合空间中的"草地""长堤""밭담（围墙）"和"송전탑의 대열（一排电缆塔）"也沿某一方向运动，这时的意义生成于静态空间关系与动态运动的组配，编码促进了这种整合空间呈现的运动组配，体现了静态实体和意象射体在整合空间中进行整合而产生实质意义的机制。

4.4　心理扫描

虚拟位移是一种认知主体的心理活动，认知主体在心理上沿着一定的路径对认知对象进行扫描，从而建立起有关该对象的完型概念。Matlock（2001）的一系列心理扫描实验结果表明，认知主体在处理虚拟位移表达式的过程中不仅会模拟实际物理移动，而且还会模拟视觉扫描（visual scanning）。这说明，心理扫描不仅在处理与真实物理位移有着直接联系的虚拟位移句中起作用，而且在处理没有任何物理基础的虚拟位移句中也起作用（钟书能 2012：124）。认知意象的扫描指的是在建构一个复杂的场景时所作的认知处理，它是将某个比较标准和一个对象关联起来，并记录其间差异的操作（吴为善 2011：169）。扫描的方式有两种，一种是"总括扫描（summary scanning）"，一种是"次第扫描（sequential scanning）"。

总括扫描是认知处理方式的一种，扫描时各成分状态以累加性方式平行地激活，场景中的成分不断累积，作为一个连贯的完型（gestalt）被感知。因此，在总括扫描中，对各个成分的处理是同步的，场景中的成分状态不会因时间的变化而发生改变。

当我们在心理上对虚拟位移主体，尤其是叠加式主体的空间方位进行建构时，我们运用的是总括扫描方式，即成分状态以累积的方式被平行激活，静态空间的所有方面同时呈现出来，主体的所有部分组合起来，作为一个完整的认知单元被感知（如图 19）。例如：

（49）一个个威严的界碑，拉出一条无形的国境线，穿过原始森林，跨过大河小溪，蔓延 8000 里。线那边是越南、缅甸、老挝。线这边是云南——中国反毒战的前沿阵地。（《报刊精选》1994 年）

（50）一条条青石板小径通向草坪中青石板铺就的平台，平台上有长椅，长椅上有老人，老人在沐浴西下的太阳……简佳不禁拉住了小航的手，这是一个可以让他们在此老去的地方！（电视电影《新结婚时代》）

（51）堡前便是那条水位低落却十分清冽的河流，宽大平整的大石桥横过河面，桥栏两边各雕接着四座昂首扬蹄的白大理石石马，桥面为大麻石，直通堡门，<u>十二级青石阶直伸上去</u>，堡里有三街六巷，俨然一个小小的城镇派头！（柳残阳《竹与剑》）

例（49）的位移主体是由"一个个威严的界碑"组合而成的整体，即"一条无形的国境线"，观察者的注意焦点并不是每一个以个体形式存在的"界碑"，而是组合起来的完型整体，构成成分（界碑）的状态被相继激活，并累积起来，最终识解为一个被协同激活（coactivated）的、可同时理解的整体（国境线）；例（50）的观察的对象也并非一块块"青石板"，而是由"青石板"组合成的"小径"，观察者采用远距离视角，把"小径"看作一个整体，运用总括扫描模式描述了静态的空间构型特征；例（51）也是运用了宏观、整体的观测方式，扫描的结果是"十二级青石阶"这个整体的空间方位及走向。

（52）호남고속도로 주암（송광사）나들목으로 들어가 <u>송광사 부근에서부터 핀 벚꽃은 산굽이를 네댓 돌고 다리를 서너 개 건너 산골짝 깊은 곳 보성 대원사에 이르도록 남아 있다</u>. 특히 보성 대원사 계곡（6 km）은 '좁고 길고 깨끗하다'는 계곡미의 세 요소를 갖춘 곳으로 이름이 나 있다.（〈한겨레신문〉）

2003 년)

（53）창밖은 보는 것만으로도 머리꼭지가 달구어지는 느낌이라 떠난 지 몇시간 되지도 않았고 버스 안에는 에어컨이 찬바람을 내뿜건만 다랏이 그리워진다 . <u>바다는 보이지 않지만 간간이 나타나는 염전들이 해안을 따라 달리고 있음을 일깨워준다</u> .（유재현〈메콩의 슬픈 그림자 인도차이나〉）

（54）그 마을 앞을 지나면서 내 가슴은 가을 볕같이 따스한 눈물에 젖어드는 기쁨을 느꼈다 . <u>온갖 풀들이 열매를 맺고 있는 산기슭을 지나, 오리나무, 아카시아 숲이 우거진 산허리를 오르고, 바위 틈 철쭉 씨를 따면서 기어코 산봉우리까지 다다랐다</u> .（이오덕〈이오덕의 교육일기 1〉）

例（52）的观察的对象并非每一朵“벚꽃（樱花）”，而是由“벚꽃（樱花）”组合而成的完型，观察者采用远距离视角把它们看作一个整体，运用总括扫描模式描述了静态的空间构型特征；例（53）位移主体是由“간간이 나타나는 염전들（时不时出现的盐田）”组合而成的整体，观察者的注意焦点并不是每一个以个体形式存在的“염전（盐田）”，而是组合起来的完型整体，构成成分（界碑）的状态被相继激活，并累积起来，最终识解为一个被协同激活（coactivated）的、可同时理解的整体（国境线）；例（54）扫描的结果是“온갖 풀들（各种各样的草）”的空间位置及走向，也是运用了宏观、整体的观测方式，即总括扫描。在虚拟位移表达中，叠加式主体的总括扫描模式可以通过下图来表示：

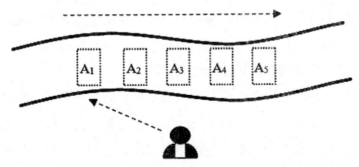

图 19　叠加式主体的总括扫描模式

　　如上图所示，虚拟位移主体是由个体组合而成的，如上述汉语例句中的"界碑""青石板"与"青石阶"，还有韩语例句中的"벚꽃（樱花）""염전들（盐田）"和"풀들（草）"尽管各个组成成分是次第相连的，但观察者的扫描却是以累积的方式平行激活的，位移主体作为一个完整的认知单元被感知。因此上述例句采取的是总体扫描，是一种静态的模式。场景中的成分不断叠加，以累加性方式激活，由此一个复杂结构的各个侧面呈共存同现状态，从而被感知为一个连贯的完型。

4.5　小结

　　虚拟位移的建构机制可以运用意象图式、隐喻与转喻、概念整合及心理扫描等理论对其进行分析和阐释。

　　首先，真实位移和虚拟位移在句法和语义上，以及在时间轴上的不同呈现反映出其背后所反映出的意象图式结构有明显的区别，意象图式具有体验性，不同的运动模式可以将具身经验运用于无数个具体的位移运动中，进而构成空间关系和空间中运动的动态模拟表征，继而对动态模拟表征进行抽象化，形成概念结构，因而不仅动态的物体可以位移，静态的物体也可以位移，但形成的是不同的位移图式。

其次，结构隐喻是虚拟位移隐喻机制的表现形式，虚拟位移常常会借用结构清晰、界限分明或形状具象的实体来对虚拟位移主体作描述与刻画，使得静态实体的空间位移特征更加明晰直观。虚拟位移主要涉及整体 ICM 中不同部分之间的转喻。虚拟位移是观察者在观察某一静态实体时，赋予其动态的位移特征，主体没有发生任何实际移动，真正移动的是观察者的视线。因此虚拟位移的转喻机制表现为：以观察对象的形状或空间方位来指代观察者的视线移动。

再次，虚拟位移表达的形成涉及两种整合类型：糅合型和截搭型。糅合型虚拟位移就是将动体的空间位置移动与静态物体所占的空间范围及方位整合在一起，两个事件的整合产生了新的概念意义。截搭型虚拟位移就是将观察者视线的移动与位移主体的空间位置及走向整合在一起。

最后，对虚拟位移表达的认知和理解涉及总括扫描模式，即在对虚拟位移主体进行观察时，成分状态以累积的方式被平行激活，静态场景的所有方面同时呈现出来，主体的所有部分组合起来作为一个完整的认知单元被感知。

第五章　虚拟位移表达的语体特征

5.1　虚拟位移表达的语体归属

何为"语体",学者们有不同的界定。张弓(1963:229)认为,构成语体基础的因素主要有表达的内容、交际的目的、群众(听众读者)的特点、交际的场合等,这几个因素是相互联系的。说话人、作者根据这些因素,结合实际,选择运用民族语言材料(词句),自然就产生一些特点,这些特点综合而形成的类型就是"语体"。王德春(1987:11)指出,由于人类社会生活的复杂性,在不同的社会活动领域内进行交际时,由于不同的交际环境,就形成了一系列运用语言材料的特点,这就是言语的功能变体,简称"语体"。语体特征制约了语句结构类型和语篇结构分布,语体的类型可以从不同角度去分析,关于语体的分析有风格角度(林裕文1957)、文体角度(陈望道1979)、言语行为角度(刘大为1994)以及文本功能角度(袁辉、李熙宗2005)。

方梅(2007)着眼于功能类型角度,区分出了叙事语篇与非叙事语篇,叙事语篇的宏观结构依靠时间顺序来支撑,叙述者讲述连续的事件，随着事件在时空中展开，总有叙述主线和叙述的主要对象——行为主体，而非叙事语篇与事件无关，属于说明性语篇，行为主体不是语篇的重要因素，具体分为三类：程序语篇、描述语篇和评论语篇。Longacre（1983）依据［＋时间连续性］（temporal succession）和［＋关注动作主体］（agent orientation）把语体分为叙事（narration）、操作指南（procedural discourse）、行为言谈（behavioral discourse）和说明（expository discourse）四类。这四类语体与时间连续性和关注动作主体的关系可总结如下表：

表 10　不同语体的表达特点

	时间连续性	关注动作主体
叙　事	＋	＋
操作指南	＋	－
行为言谈	－	＋
说　明	－	－

结合上述研究，我们认为就虚拟位移的构成要素和功能语义来看，既结合了叙事语篇的特征（突出位移主体"Figure"），又具有说明性语体的性质（位移动词具有无界性而抑制事件性与过程性）。就其语体性质来看，属于说明性语体，关注位移主体而抑制时间起始—终结的变化过程：

表 11　虚拟位移的表达特点

	时间过程性	关注位移主体
虚拟位移	－	＋

把虚拟位移归为说明性语体有以下考量：

首先，从表达目的来看，虚拟位移是对位移主体的描写与说明，旨在介绍、解说客观事物或事理。可以用于介绍事物的形状、性质、特征、成因、关系、功用等，也可以用于介绍人物的经历、特征、性格等（吕桐春 1997：466）。虚拟位移是叙述者赋予位移主体（如"街道、城墙、铁路"等）以动态移动特征（如"伸展、伸向、绵延"等），以叙述者视线所及的观察顺序介绍位移主体的形状、走向和姿态等，是典型的"以动写静"。

其次，从表达特点来看，虚拟位移不同于真实位移，其不依靠时间顺序来支撑，没有前后的时间连贯关系，与事件过程无关，不涉及位移主体某一性质或功能需要过去事件作为条件才能呈现，位移动词具有无界性，位移事件具有惯常性，位移主体也不是位移动词典型的施事，叙述的空间顺序构成了语篇的主线。

5.2 语体对语法成分的句法塑造

位移事件要着眼于语体因素的考量，不同的语体导致截然不同的语法模式（陶红印 2007：11）。共延路径型虚拟位移是对心智中的意象画面的表述，虚拟位移句大多是在刻画描写一个静态场景，具有某种"画面感"，受制于说明性语体的限制，位移动词具有低及物性[①]（low transitivity）特征，其句法表征以及

---

① "及物性假说"（transitivity hypothesis）是 Hopper & Thompson（1980）提出的，其文根据"参与者（participants）、动作性（kinesis）、体貌（aspect）、瞬时性（punctuality）、意愿性（volitionality）、肯定性（affirmation）、语式（mode）、施动性（agency）、宾语受动性（affectedness of O）、宾语个体性（individuation of O）"等十个句法—语义特征区分了高及物性（high transitivity）与低及物性（low transitivity）。

相关的句法操作都会受到部分抑制。

5.2.1　时间信息的限制

虚拟位移表达的事件是处于持续过程中的静态事件，不反映真实变化，是描述某种事物的性质和状态，具有状态性（stative）和非事件性（non-eventive），即在事件进行的过程中，既观察不到事件的起始变化、事件的过程变化，也观察不到事件的终结变化，因此，事件具有均质的（homogeneous）时间结构，也就是说，事件进程的每一个瞬间都与其他瞬间的情状相同。如：

（1）招山是一座巨大的山，跨越好几个县，人在里头失踪一点也不奇怪，但有一种说法却很奇怪。（残雪《残雪自选集》）

（2）绵延千里的青藏铁路，宛如一条巨龙，翻过巍巍昆仑，穿越茫茫可可西里，途经静谧的三江源头……所到之处，留下的不仅仅是建设者们辛勤的汗水，也留下了绿色与生机。（新华社 2002 年 5 月新闻报道）

（3）丁仪和汪淼一下车，午后灿烂的阳光就令他们眯起了眼，覆盖着麦田的华北大平原在他们面前铺展开。（刘慈欣《三体》）

（4）我们又进入了山区，狭窄的公路在山峰间环绕，前无来车，后无同伴，很少能看见人影，不禁有一种凄清孤冷之感爬上心头。（《人民日报》1998 年）

"招山跨越好几个县""青藏铁路翻过巍巍昆仑，穿越茫茫可可西里""华北大平原在他们面前铺展开"和"狭窄的公路在山峰间环绕"是对意象的整体隐喻化（metaphoricalization）描绘，是叙述者将自己作为参照点对一个静态物体在空间场景中的心理扫描，"跨越、翻过，穿越、铺展、环绕"等动作为均质的时间结构，具有［－有界、－动作，－完成、－瞬时］的语义特征。韩语虚拟位移句的动词也表现出与汉语相似的特点，例如：

（5）여자가 터미널부터 기억을 더듬어서 걸어온 길. 길은 저수지 쪽으로 급하게 휘어 밑으로 내려간다. 길이 휘는 지점의 둔덕에 밑동 두께가 이 미터는 넘는 버드나무가 거대한 우산처럼 가지를 길게 늘어뜨리고 서 있다.（원재길〈벽에서 빠져나온 남자〉）

（6）현재 강남권은 용인 죽전에서 광주와 영동 고속도로 밑에 있는 구갈지구, 구 용인 시가지로 뻗어갈 전망이고 강동권은 동쪽 남양주 덕소, 서쪽 김포로 뻗어가며 강서권은 북서쪽 파주로 뻗어갈 전망이다.（〈여성중앙21〉2002년）

（7）또 사당동으로 넘어가는 남태령（예전에는 여우고개）은 관악산에서 우면산으로 이어지는 산줄기를 가로지르고 있으며, 그 고개길 주변에는 수 많은 거목들이 있었다.（과천문화원〈과천향토사〉）

（8）아슬아슬하게 굽이치는 절벽에 가슴 조이며 몸을 움츠리며 새로 펼쳐지는 포구（浦口）, 파도가 방파제와 바위에 부딪치고 옹기종기 모여 있는 집으로 이루어진 조그마한 어촌（漁村）의 포구는 푸른 망망대해（茫茫大海）와 어울려 감탄을 연발하게 한다.（구인환〈한국 현대 수필을 찾아서〉）

例（5）的"길은 저수지 쪽으로 급하게 휘어 밑으로 내려간다（路在蓄水池那边急转直下）"、例（6）的"강동권은 동쪽 남양주 덕소, 서쪽 김포로 뻗어가며 강서권은 북서쪽 파주로 뻗어갈 전망이다（江东郡向东将延伸到南杨州德沼、向西将延伸到金浦，江西郡向西北将延伸到坡州）"、例（7）的"사당동으로 넘어가는 남태령（跨越舍堂洞的南泰岭）"和例（8）的"아슬아슬하게 굽이치는 절벽、새로 펼쳐지는 포구（艰险的蜿蜒曲折的峭壁、新展开的码头）"是观察者将自己作为参照点，在空间场景中对某一静态物体进行心理扫描，是对意象的整体隐喻化描绘。其中位移动词"내려가다（下去）、뻗어가다（延伸）、넘어가다（跨越）、굽이치다（蜿蜒）、펼쳐지다（展开）"等所表达的动作具有均质的时间结构，具有［－有界、－动作，－完成、－瞬时］的语义特征。

5.2.2 语气情态的限制

语气表达了说话人对句子内容的某种态度（Otto Jespersen 1988：484），是通过语法形式表达说话人针对句子命题的一种主观意识（齐沪扬 2002：13），情态反映了说话人对命题成立可能性的判断（Quirk 等 1985：219），是说话人的主观态度与观点在语法上的表现（Palmer 1986：86）。情态和语气无对应关系，不是语法形式和语法意义的两个对立面。虚拟位移属于非叙事说明性语体，是客观意象实体在心智中隐喻性的动态位移，因此，体现叙述者立场的副词，如评注性副词（如"确实、果真、也许"等）和语气词"了、啊、吧"等语气成分句法上得不到允准，但描摹性副词（如"缓缓、层层、层叠、巍然、赫然"等）则能得到允准。如：

（9）全画以黄洋界纪念碑为主景，盘旋而上的公路，曲折蜿蜒［＊了/啊］，横贯全幅，连接着远处的罗霄山脉主峰。(《新浪网》2013 年）

（10）30 公里长的大路两侧，展现在人们眼前的是一幅幅城乡一体的风景画：一幢幢马赛克贴墙的楼群拔地而起；一条条宽阔繁华的商业街道向村庄绵延伸展［＊啊/吧］。(《人民日报》1995 年）

（11）不知不觉，他发现自己正驶向一排收费亭，后面是壮观的通向基比斯坎的混凝土堤道，堤道缓缓［＊确实］上升，划一条弧线向远处延伸。（西德尼·谢尔顿《恶魔的游戏》）

（12）乍暖还寒的 3 月，从天津至霸州 70 多公里的路段上，数百座高大的桥墩巍然［＊果然］昂立，数十公里长的路基蜿蜒伸展……(《人民日报》1994 年）

例（9）、（10）"曲折蜿蜒"与"绵延伸展"都是以客观视角对图画中的位移主体"公路"与"商业街道"的描写，这种图画类说明性语体限制语气词"了、啊、吧"。例（11）、（12）"缓缓"与"巍然"是对位移动词"上升、昂立"的修饰，若换成体现叙述者立场的副词"确实"与"果然"，语义不能允准，这说明虚拟位移表达限制体现叙述者立场的成分。在语料搜索中发现了一例出现语气词"了"。如：

（13）在这村气十足的旧城区里，在这些最荒野的角落里，石块路面出现了，即使是在还没有人走的地方，人行道也开始蜿蜒伸展了。（雨果《悲惨世界》）

我们认为此处语气词"了"的出现不是语法上强制性的必有成分，"了"的出现一方面是受到完句作用的限制，"了"起到了完句作用；另一方面"人行道也开始蜿蜒伸展了"也是与上文"石块路面出现了"保持形式上的一致性，"了"是起到了形式一致性作用。再来看韩语例句：

（14）맥빠진 시선을 창 밖으로 돌렸다. 황량한 겨울 들판이 천천히[＊확실히] 흘러가고 있었다.（이동하〈우울한 귀향〉）

（15）동으로는 만대산, 서로는 오도산과 숙성산이 늠름히[＊과연] 솟아 그 산협 분지 사이로 줄기를 이루어 강이 흘렀다.（김원일〈그 곳에 이르는 먼 길〉）

（16）철길이 동네 마당을 막[＊역시] 지나고 있다.（황동규〈미시령 큰 바람〉）

例（14）的"천천히（慢慢地）"、例（15）的"늠름히（凛然地）"和例（16）的"막（一下子）"是具有描摹性的副词，是对主体的形状与空间方位特征的客观描摹，因此能够得到允准，但若换成体现叙述者态度和评价的副词"확실히（确切地）""과연（的确）""역시（果然）"，则语义不能允准，因为虚拟位移表达限制体现叙述者态度和立场的成分。

此外，位移主体具有［－意愿性］（volitionality）和［－施动性］，不涉及叙述者的观点与态度和对命题内容真伪、愿望、义务、评价、可能性、盖然性与必然性的判断，因而句法上也限制情态成分。例如：

（17）拉萨柳吾大桥［＊能］横跨于拉萨河，北起拉萨市西郊的鲁定南路，南接拉萨市柳吾新区，并与拉萨火车站相邻。

（新华社 2004 年 11 月份新闻报道）

（18）而穿过一个月洞门后，竟是一处江南苏州风味的花园，太湖石叠成小山，<u>曲板桥 [＊能] 跨过萍藻丛生的池塘</u>，临塘的轩馆支开窗板露出琴台，曲折游廊旁有丛竹或紫藤，如此等等。（刘心武《刘心武选集》）

（19）<u>山道随着白马雪山蜿蜒的腰骨 [＊可以] 盘曲而下</u>，你的左侧边接临着约莫两百米高的断崖，悬崖下是仰天树海密布的针网，右侧则紧靠着一面险嶙峋的绝壁。（谢旺霖《转山》）

（20）西藏和平解放后，<u>川藏、新藏、中尼等公路沿着古"麝香之路" [＊可以] 伸展到祖国的西陲边关</u>。（《人民网》2001 年）

上述例句表达叙述者对事件成立的可能性的情态成分"能、可以"也受语体制约，均不能出现在语言表层。韩语中亦是如此，例如：

（21）경부고속도로가 이곳을 통과하고 있을 뿐더러 <u>국도가 여섯 방향으로 뻗어 있어 [＊뻗을 수 있어]</u>, 충북 전북 경남 경북의 4 개도를 잇는 교통의 요충이고, 예로부터 물산의 집산지로서 상거래가 활발한 곳이어서, 조선 말 전국 5 대 시장 중 하나로 번성했던 곳이다. (이종훈 외〈고려대학교 교양 국어 작문 (교육학과)〉)

（22）어촌마을은 특히 동네 지붕들 위로 고압선이 통과한다 [＊통과할 수 있다]. (〈한겨레신문〉1999 년)

（23）또 하나는 지붕을 입면으로 볼 때 <u>처마끝의 선은</u> 지붕 각변 중앙에서 좌우로 약한 곡선으로 시작하여 점차 끝으로 갈

수록 심한 곡선으로 휘어져 올라간다 [＊올라가도 된다]. 이것은 귀솟음 기법으로 조화된 한국 건축의 아름다움이다.(김영자〈한국의 복식미〉)

（24）50 m 정도 능선을 따라 내려 오던 성첩은 왼쪽으로 꺾어지면서 물소리가 요란한 골짜기로 내려간다 [＊내려가도 된다].(안춘배〈역사의 얼굴〉)

　　而真实位移主体具有 [＋意愿性] 和 [＋施动性]，除了表达位移的命题信息，说话人对位移事件的真值或现实性状态以及命题成立的可能性与必然性会得到激活。如：

（25）我终于下了车，可以伸展一下快要抽筋的背，我走到行李箱那儿，取出早上 X 太太在超级市场冰柜买的大黄馅饼。（艾玛·麦罗琳《保姆日记》）

（26）所幸田野里多是大秋庄稼，容易掩护，加上加强排共有百十人的队伍，分两拨倒替着跑，转眼之间跑出五里路，如果再能跨过前面公路，躲过赵匪四团左右两个炮楼，就可能赶上关团长的队伍，免除被敌人切断的危险。（李英儒《野火春风斗古城》）

（27）안장과 페달의 거리가 중요한데, 페달을 밀 때 다리가 쭉 뻗을 수 있게 맞춰야 하고 다리를 벌리고 타선 안됩니다. 반대 방향 페달에 힘을 줘야 하죠.(〈조선일보〉2003 년)

（28）만안교는 본래 경부 국도상에 있었으며 상·하행 대형 버스가 동시에 통과할 수 있는 넓이를 가지고 있었다.(이상태〈읽을거리 생각거리〉)

　　例句中的"我伸展背、队伍跨过公路"和"다리가 뻗다

（腿伸展）、버스가 통과하다（公交车通过）"都是真实位移，而非描述静态场景，说话人对位移事件的真值或现实性状态的主观态度和命题成立的可能性与必然性得到观照，情态成分"可以、能"就会得到允准。值得注意的是，叙事者主观移情（empathy），赋予虚拟位移主体以"拟人"特征会允准体现叙述者态度、情感体验的成分。如：

（29）两根纤细、闪亮的<u>铁轨延伸过来了</u>。它<u>勇敢地盘旋在山腰</u>，又<u>悄悄地试探着前进</u>，弯弯曲曲，曲曲弯弯，终于绕到台儿沟脚下，然后钻进幽暗的隧道，冲向又一道山梁，朝着神秘的远方奔去。（铁凝《哦，香雪》）

（30）年逾二百的一棵买麻藤，仍似一条生龙活虎的巨蟒，<u>在林中潇洒地穿行</u>；而那被称为"活化石"的桫椤，竟然是恐龙时期的孑遗植物！高达二十多米的鱼尾葵笔直地伸向蓝天，那架势，好像非要争先抢到阳光和空气不可。（《人民日报》2000 年）

上述二例，"勇敢地、悄悄地"与"潇洒地"是叙事者主观移情的结果，这类体现叙述者情感体验和态度的成分进入虚拟位移这种说明性的非叙事语篇是一种有标记的表达，是叙述者"寓情于物"的直接写照[①]。

5.2.3 补语成分的限制

虚拟位移句不是陈述具体事件在时间链条上的前后变化状

---

① 体现叙事者主观移情的虚拟位移描写，在本研究搜集到的 1029 条虚拟位移语料中，仅有 4 例。韩语语料中目前尚未发现此类用法。

态，而是描写位移主体所具有的性质和状态，具有非事件性。Ji（1995：8）指出，"非事件性"的概念并不是一个经过严格定义的概念，它可以用来指那些没有任何特定时间参照的情景。位移动词的动作性和时间性在虚拟位移这种说明性语体中受到抑制，因而在汉语虚拟位移的表达中，句法上限制动量补语和时量补语。如：

（31）只见万里长城在巍峨群山间穿行［*无数趟、好多次］，中华巨龙在长城之巅凌空飞腾，5000多位海内外青年伴随着巨龙的舞动纵情欢歌，充分表达了青年们为实现中华民族的伟大复兴而奋斗的豪情壮志。（《人民日报》2000年）

（32）这是一幢米黄色的小楼，四周由雪杉、红桧树环绕［*好多遍、无数回］，门前有一泓碧波潺潺的温泉，住所恬静而幽雅。（窦应泰《于凤至旅居美国的寂寞岁月》）

（33）从火炬照亮的地方看，这条巷道笔直向前，缓缓上升［*好一会了］。巫师会的成员们绝不会相信还存在这样一条通道。（弗诺·文奇《真名实姓》）

（34）历史上曾是人员往来与物资流通的"东西方文明的桥梁"，在世界范围发挥过重要作用的丝绸之路就从这里蜿蜒而过，举世闻名的欧亚大陆桥也由此向西延伸［*好几个世纪］。（《人民日报》1998年）

例（31）、（32）的"穿行""环绕"不能后补动量补语；例（33）、（34）的"上升""延伸"也排斥时量补语。表示动作、行为的数量、次数的动量补语和表示跟动作相关的某种状态的延续时间的时量补语都是叙事语篇中的事件句中动词的补充成分，虚拟位移句中位移动词只是对位移主体的刻画、描摹与说明，位移动词不具有动作性和时间性，不具有动作起始、持续和终结的变化过程，作为补充成分语义上得不到允准。与汉语不同的是，在韩语中，动量、时量成分通常通过状语来表达，它们在虚拟位移句中也受到限制，例句如下：

（35）이치라는 말이 작위적으로 느껴질 정도로 "한 가지가 위로 / 혹은 옆으로 [* 몇 번、여러번] 내뻗어가다가 / 다른 가지와 마주칠 때 / 반드시 제 몸을 휘어서 감아올라" 가는 나무는 공생의 윤리와 자연스럽게 연결된 충족의 윤리를 육화해 살아간다 . (김종철 외〈녹색평론 41 호〉)

（36）도서관 앞에서 정상으로 올라가는 길이 갈려 구불구불 산복 (山腹) 을 [* 몇 번、여러번] 기어올라가 팔각정 밑에서 꺾여 장충단으로 내려가게 된다 . (신석초〈시는 늙지 않는다〉)

（37）19 번 국도는 전남 구례에서 경남 하동 포구까지 섬진강을 동쪽으로 따라 [* 한참 동안] 내려간다 . (유홍준〈나의 문화유산답사기〉)

（38）이와 함께 주요 간선철도는 고속철과 연결될 수 있도록 선로개량과 전철화 공사를 벌여 시속 180 km 로 [* 오래] 달릴 수 있도록 한다 . (〈한겨레신문〉1999 년)

在例（35）和例（36）中，动词 "내뻗어가다 (延展而去)" "기어올라가다 (爬上去)" 不能与表示动量的状语成分 "몇 번 (几次)、여러번 (很多次)" 搭配使用；例（37）、（38）的 "내려가다 (下去)" "달리다 (跑)" 也排斥时量成分 "한참 동안 (好一阵)" 和 "오래 (很久)"。因为虚拟位移

句中，位移动词不具有动作性和时间性，不具有动作起始、持续和终结的变化过程，所以表示动量、时量的成分作为补充成分无法进入虚拟位移句，在语义上得不到允准。

　　而在真实位移句中，位移动词摆脱了说明性语体的限制，动作性与时间性得到激活，动量补语和时量补语在句法上就会得到允准。如：

　　（39）起先，他看不出有什么奇怪的地方，试着穿行了两次，也未觉出有何玄妙之处。从任何一点看来，要想从这些钟上探求武功方面的奥秘，是不可能的了。(东方英《武林潮》)

　　（40）我赶紧扯下布，说已经很好了。但卡丽玛还是余兴未尽，非要给我修眉毛。说着就从针线包里找出了一股黑线，对折后绕了好一会儿，然后把一端衔在嘴里，一端绕在手指上，用另一只手拉扯，形成了可以变换大小的夹角。(新华社 2002年 2 月新闻报道)

　　（41）덮개가 없는 사육장에 가둬놓았는데, (고양이가) 두 앞발로 잡고 여러번 기어올라가서 쉽게 나와버립니다.(〈네이버지식〉2007 년)

　　（42）천천히 오래 달려보자! 1 킬로 지나는 지점 7：35 페이스를 맞춰 갑니다 꾸준히 이 페이스가 유지가 되는게 참 신기하더군요 (〈네이버카페〉2018 년)

　　例（39）的"穿行"、例（40）的"绕"、例（41）的"기어올라가다（爬上去）和例（42）的"달리다（跑）"恢复了动作性与时间性，可以带上动量补充成分"两次""여러번（很多次）"和时量补充成分"好一会儿""오래（很久）"。动量与

时量成分是否句法缺省关键就看是表达事件句的叙事语篇还是非事件句的说明性语篇。

趋向补语是动词所表示动作、行为趋向的补充成分，既可进入叙事语篇的真实位移句中，也可进入非叙事语篇的虚拟位移句中。如：

（43）李自成勒马冲到亲兵的前边去，在乌龙驹的臀部猛抽一鞭。乌龙驹腾跃起来，随即向老营的山寨飞奔而去。（姚雪垠《李自成》）

（44）老头子钻进了木板棚子，放下洒壶，舒舒服服坐下来，打开一个塑料包，细心地卷开了叶子烟。（映泉《同船过渡》）

（45）山道向直插云天的高峰延伸上去，我们在山道紧贴山麓向右强烈曲折的端角处站住了。（礼平《晚霞消失的时候》）

（46）直道像巨蟒一样，气势磅礴地冲出山岭丛林，直对七里川北岸的庙沟和洛河北侧的引桥爬来，进入另一个缓坡。（徐伊丽《探秘秦直道》）

前二例"起来、进"等趋向补语是对真实位移的位移动词"腾跃、钻"的趋向补充，时体标记"了"也可以共现，如例（44）；后二例"上去、出"等趋向补语是对虚拟位移的位移动词"延伸、冲"的趋向补充。趋向补语之所以能进入真实位移句和虚拟位移句，是因为它对动作本身的趋向状态进行了描述与补充，而动量补语与时量补语只能进入真实位移句，是因为二者与动作性和时间性紧密关联。趋向补语对语体的兼容性要强于动量补语与时量补语，后者只能出现在表达事件句的叙事语体中。

5.3 语体对句法操作的制约

说明性语体对虚拟位移的语法成分的塑造不仅体现在时间信息的滤除、语气情态的限制、补语成分的限制，虚拟位移的句法操作也会受到说明性语体的制约与限制。

5.3.1 否定表达的选择

说明性语体对虚拟位移语法成分的塑造之一就是位移动词没有起始和终结的变化特征，位移事件具有均质的（homogeneous）时间结构和无界（un-bounded）的动作特征，就事件表现的整体情状来看，虚拟位移是对静态位移主体空间分布的恒定、惯常状态的说明与描写，受制于主体的［－有生性］和［－意愿性］，虚拟位移的否定方式也受到部分限制，否定标记只能选择"没有"，而不能选择"不"。如：

（47）取过地图后，才发现原来这时候的平壤城没有［＊不］横跨大同江，更不是在江东，竟然是在江西，也就是说大同江并非是平壤的天险！（李小明《隋唐英雄芳名谱》）

（48）那是一条既狭窄而又弯曲的坡道，二见泽一知道，其坡道尽头通向京滨高速公路，由于要钻山洞，所以没有［＊不］横穿铁路的交叉点。（大薮春彦《魔影狂人》）

（49）这就是黑荒原谷的黏质土壤地带，在谷内这一部分，收税的卡子路一直没有［＊不］延伸进来。（托马斯·哈代《苔丝》）

"平壤城横跨大同江、坡道横穿铁路的交叉点、卡子路延伸进来"等虚拟位移都是对客观状态的陈述,对客观陈述的事件否定选用"没有",而不用"不",吕叔湘（1999：383）指出"不"用于主观意愿,可指过去、现在和将来；"没有"用于客观叙述,限于指过去和现在,不能指将来。虚拟位移表达这种说明性语体是基于叙事者的客观视角,具有客观性,因而限制体现意愿、立场等成分,如评注性副词、表现说话人的主观意志的否定词"不"等。其次,位移主体"平壤城、坡道、卡子路"具有［－有生性］和［－意愿性］,因而只可取"没有"否定。

而真实位移既可以采取主观视角叙事,也可以采用客观视角叙事,否定既可取"不"来否定,也可取"没有"否定。如：

（50）可是贞弓在取了钥匙在手之后,她却<u>不伸向右边的门柄</u>,反倒伸向左边,移开了一片凸出的浮雕,露出了一个隐蔽的锁孔来。(倪匡《连锁》)

（51）他看小鱼秧子抢着往水上窜；看见泥鳅翻跟斗；看见岸上一个小圆洞里有一个知了爬上来,脊背上闪着金绿色的光,<u>翅膀还没有伸展</u>,还是湿的,软的,乳白色的。(汪曾祺《看水》)

例（50）"贞弓不伸向右边的门柄"是叙事者主观的否定,例（51）"翅膀还没有伸展"是客观视角的否定。位移主体"贞弓、知了"具有［＋有生性］和［＋意愿性］,两例分别采用"不"和"没有"来否定,但时体义、情态义有别。李瑛（1992：70）认为"不"表示句中主语的主观否定,除此之外

"不"没有别的意义，客观性动词除了表示假设关系以外，只能用"没有"否定。白荃（2000：25）也认为"不"主要是从主观的角度否定动作发出者发出某个动作行为的主观意愿或说话者的主观评价，"没"是从客观陈述的角度否定某种客观事实，所谓客观事实包括动作的发生、进行、完成或过去的经历。虚拟位移对否定词的选择性使用反映出语体因素对句法操作的动态性影响，任何一种语体因素的介入，都会带来语言特征的相应变化。当我们对语体特征有清醒的认识的时候，我们对语言事实的观察就会获得更清楚的线索（张伯江 2007：4）。

与汉语不同的是，在目前搜集到的韩语语料中，尚未发现使用否定形式进行表达的虚拟位移句，无论是表达主观否定的"–지 않다 / 안"或是表达客观否定的"–지 못하다 / 못"。由此可以看出，汉语和韩语虚拟位移句的否定表达存在一定的差异：汉语虚拟位移表达的否定形式相较于韩语更多见，且汉语虚拟位移句的否定标记只能选择"没有"，而不能选择"不"。

5.3.2　被动化操作受限

虚拟位移能否进行被动化操作（passivization operation），一方面受制于位移主体的［–施动性］特点，一方面也受制于位移动词的性质。先看位移主体的施动性制约被动化操作。如：

（52）一根长为 L、质量为 M 的灭火水龙带被盘绕为半径为 R（R 远远小于 L）的一卷，水龙带沿平坦地面以初速度 v0（角速度 vo/R）滚动。（百度网 2017 年）

（53）当地的少数民族农民在几座山坡上开垦了一层又一层

的梯田，梯田从山脚一直盘绕到山顶［**? 山顶从山脚一直被梯田盘绕**］，落差达 500 米。（新华社 2003 年 1 月新闻报道）

（54）东孚中学位于国道 324 线旁，师生们每日都要横穿 35 米宽的公路［**35 米宽的公路每日都要被师生们横穿**］。（《厦门晚报》1997 年）

（55）连接晋豫两省的东南门户——209 国道运城至平陆三门峡大桥段，横穿中条山脉［**? 中条山脉被 209 国道横穿**］。（《人民日报》2000 年）

例（52）的"盘绕"和例（54）的"横穿"表达的是真实位移，动作主体具有［＋有生性］［＋施动性］和［＋意愿性］，位移动词具有高及物性，被动化操作不受限制。Shibatani（1985：148-152）认为，被动句的施事在句法表现上虽然是受到限制的，但被动化却对主语是否为施事要求比较严格。例（53）、（55）"梯田、209 国道"是"盘绕、横穿"的虚拟位移的主体，具有［－有生性］［－施动性］和［－意愿性］，被动化操作受限。

韩语被动句的转化，可分为词法和句法两种：词法转化手段是通过被动词的派生，即派生被动法；句法转化手段是通过添加语尾"-어지다/-아지다""-게 되다"等，即句法被动法。其中，被动词的派生指的是把原来能动句的主语改成状语（附加格助词"-에、-에게、-한테"），把宾语改成主语，谓语能动词（他动词）改为被动词（自动词）。例如：

（56）能动句：순경이 도둑을 잡았다.

主语　　宾语　他动词

（57）被动句：도둑이 순경에게 잡히었다.

主语　　　状语　　　自动词

所谓句法被动法，则指的是被动句的构成，除了依靠派生后缀形成被动词的方法以外，还有由补助动词"지다""되다"或者后缀"-되다"构成惯用型或自动词的方法。具体如下：

首先，能动句的他动词词干后附加"-어지다/-아지다"，可转换成被动句。请参看例句：

（58）a. 엄마가 옷을 만들었다.

　　　　b. 옷이 엄마에 의해 만들어졌다.

（59）a. 영희가 사실의 진상을 밝혔다.

　　　　b. 사실의 진상이 영희에 의해 밝혀졌다.

"-어지다/-아지다"不仅可以附加在一般动词后面，而且还可以附加在他动词化了的派生使动词后面。如：밝다—밝히다—밝혀지다

此外，有些主动句谓词词干后接"-게 되다"或后缀"-되다"，也可变为被动句。例如：

（60）곧 사실이 드러나게 된다.

（61）이것은 저것과 관련된다.

以上是韩语被动化的几种操作手段，但从目前搜集到的韩语虚拟位移表达语料来看，无论是被动词的派生被动法，还是句法被动法都比较少见，韩语的虚拟位移句的被动化操作也受到限制，如：

（62）계획된 순환도로는 북한산 국립공원을 잘라놓을 뿐만 아니라 북한산을 가로지르는 굴을 뚫어서 지나도록 [＊굴은

순환도로에 뚫려서] 되어 있다 .（〈조선일보〉2002 년）

　　上例中，如果虚拟位移句采用主动句形式——"순환도로는 굴을 뚫다（环形公路穿过隧道）"，句子合法；如果采用被动句形式——"굴은 순환도로에 뚫린다"，则句子不能被接受。

　　此外，宋文辉（2005：508）指出，主观因素的介入可以使客观上施事性较弱的成分变为施事性较强的成分。汉语虚拟位移句也可以通过主观因素的介入进行被动化操作，如：

　　（63）提起南美洲的厄瓜多尔，人们第一时间会想到石油、祖母绿和香蕉，也许对地理有兴趣的人还会想到这个国家被赤道穿过，国土分列南北半球。（《开创历史的厄瓜多尔》《厦门日报》2002-5-22）

　　例（63）中，位移主体"赤道"与"这个国家"就发生了射体与界标（Landmark）的颠倒，Langacker（1987：217）认为，射体—界标关系是两类不同的凸显之一[1]，它被完形心理学家用来描写空间组织的方式。射体是某一认知概念中最凸显的部分，处于最凸显的位置，是注意力的焦点；界标即为突出图形的衬托部分；界标则是次凸显的实体，为射体提供参照。射体和界标都是被凸显的对象，但凸显程度不同。射体与界标的位置不是一成不变的，会受到凸显对象的不同而发生转换。主动句"赤道穿过这个国家"中"赤道"是射体，"这个国家"是

————————

[1] 另一种凸显是图形—背景关系，它被语言学家广泛用于对语言结构的研究。图形指的是某一认知概念中较突出的部分，即注意力焦点，被看作图形的物体一般来说通常具备形态上的完整性和结构上的连贯性，容易被观察和辨识；而背景则是对图形进行衬托的部分，二者同时存在于某一认知概念中，但不能同时被理解为同一事物。

界标，而被动句中受到主观移情焦点的选择，受事"这个国家"成为射体，置于主语位置。正是由于主观因素的介入，产生了不同的凸显对象，同一客观事件才会产生不同的识解方式，从而形成了语言的不同句型和表达形式。但在目前搜集到的韩语例句中尚未发现此类用法。

5.4　小结

就语体归属来看，虚拟位移属于说明性的非叙事语体，是叙述者赋予位移主体以动态移动特征，以叙述者视线所及的观察顺序介绍位移主体的形状、走向和姿态等，是典型的"以动写静"，不依靠时间顺序来支撑，没有前后的时间连贯关系，与事件过程无关，也不涉及位移主体某一性质或功能需要过去事件作为条件才能呈现，位移动词具有无界性，句中限制表达叙述者立场、意愿和态度的成分，具有客观说明性和描述性。

虚拟位移表达在时体、语气情态、补语成分等方面以及否定、被动等句法操作方面和真实位移表达有很大差异。语体动因对虚拟位移具有句法塑造作用，表现在以下两个方面：

一是对语法成分的塑造：（1）时间信息的限制，允准［＋持续义］的时间成分而限制具有起始、终结等过程义的时间成分；（2）语气情态的限制，虚拟位移这类说明性语体限制体现叙述者的立场、态度的成分受到抑制，评注性副词和语气词等语气成分得不到允准，而刻画描摹位移动词的描摹性副词则能得到允准；（3）补语成分的限制，位移动词的动作性和时间性在虚拟位移表达这种说明性语体中受到抑制，因而句法上也限制动量和时量成分。

　　二是对句法操作的限制，表现为：（1）否定表达的选择，从目前搜集到的韩语语料来看，尚未发现使用否定形式进行表达的虚拟位移句，无论是表达主观否定的"-지 않다 / 안"或是表达客观否定的"-지 못하다 / 못"。由此可以看出，汉语和韩语虚拟位移句的否定表达存在一定的差异：汉语虚拟位移表达的否定形式相较于韩语更多见，且汉语虚拟位移句的否定标记只能选择"没有"，而不能选择"不"。（2）被动化操作受限，位移主体的［－有生性］［－施动性］［－意愿性］和位移动词的单价性使得汉韩虚拟位移句的被动化操作受限。

　　不同的交际需求会导致不同的语法选择，虚拟位移区别于真实位移其一表现就是二者在语体选择上的有别。张伯江（2007：1-2）指出，语言研究要注意将不同的语言材料从不同的语体中剥离，语料的均质性程度越高，归纳出来的语法规律也就越概括。语言研究要重视语体因素，更要树立语体意识，在合适的语体里寻找合适的实例，在合适的语体里合理地解释实例。

第六章 结 语

　　对汉语和韩语虚拟位移句中各要素的编码形式和特点进行比较，可以发现汉韩语使用者是如何将这一心理认知过程体现在语言表层的，汉韩虚拟位移的语言表征隐含在人类的认知共性之中，但又体现出了各自的特点。它涉及的是人们对静态场景和空间关系的认知与表述，它的形成反映了人们对空间概念的主观建构，也反映出了思维的动态性和创造性。

　　本研究第一章介绍了研究对象、研究意义，并对国内外相关研究进行了梳理和述评，然后对与本研究相关的概念、研究方法及语料来源进行了简要说明。第二章对真实位移与虚拟位移进行了比较，并对虚拟位移的观察视角进行了分析，之后探讨了虚拟位移表达的分类以及它们在汉语和韩语中的语言表征。第三章以虚拟位移表达的概念要素——主体、运动、路径、方式等为参照点，考察了汉语和韩语虚拟位移表达，通过对汉韩虚拟位移句的语料分析，阐述了二者在编码各要素时的共性与差异。第四章着重从概念隐喻和转喻、概念整合与心理扫描等方面探讨了虚拟位移表达的认知理据，从认知思维和语言系统出发来分析汉韩虚拟位移的概念建构。第五章对虚拟位移表达的语体选择进行了探讨，我们认为虚拟位移表达实际为说明性语体，这类语体类型对其句法结构产生一定的限制，这也是虚拟位移表达与真实位移表达在本质上存在差异的根本性原因。本书的主要结论如下：

首先，在汉语和韩语在虚拟位移表达的各概念要素编码方面，既有共性，又存在差异。体现在：

（1）主体要素方面，虚拟位移表达的主体可分为单一型与复合型，指称形式可分为定指型和不定指型；位移主体首次出现在语篇中时，或使用定指的指称形式，或使用不定指的指称形式，语用功能和语篇叙事模式上存在一定的差异，定指主体采用"无背景信息＋定指型主体"语篇推进模式，会激活"起点预设"的语篇功能，不定指主体采用"背景信息＋不定指型主体"语篇推进模式，背景信息为后续的虚拟位移句设置了叙述框架，不定指型主体是框架内的梜成分。位移主体的范畴化扩展程度与位移事件的及物性成反比关系，范畴化扩展程度越高，位移事件的及物性越低。虚拟位移句中的位移动词不反映变化，具有无界属性，因而重叠形式、完成体标记"过/了"、动量短语等有界化操作受限，而真实位移句的动词不受此限制。

（2）运动要素方面，虚拟位移表达主要通过位移动词编码运动信息，运动方式在时间结构上并没有明确的起始点和终结点，具有［＋无界、－动作、－完成］的语义特征，在句法上允准［＋持续义］的时间成分来显化时间信息。汉语通过持续体"着"和继续体"下去"，或者是表示持续义的时间副词"一

直"等来表达；而韩语中表达持续义的典型句法表现是由"-어
(아 / 여)""-고"和表示"存在"义的助动词"있다"相结合
而构成的，即"-고 있다"和"-어(아 / 여) 있다"。

（3）路径要素方面，在汉语和韩语中，路径要素都呈现出
显性特征，即路径要素是必要要素。对于路径信息的编码，汉
语主要通过含路径义动词、介词和含方向义动词等进行编码，
而韩语则采用含路径义动词、格助词和含方向义动词来编码。
由于汉语和韩语的语序不同，导致介词和格助词在句法分布上
有所差异，汉语介词前置于 NP，而韩语的格助词后置于 NP。

（4）方式要素方面，汉语和韩语都可以通过含方式义的动
词及副词编码，且方式状语的出现都受到一定的限制。主要体
现在表示时间的状语和表达情感体验的状语不能出现在虚拟位
移句中。对于表示位移速度的状语，汉语和韩语都能允准其进
入虚拟位移句。

其次，虚拟位移的概念建构机制可以从意象图式、隐喻与
转喻、概念整合及心理扫描等方面进行阐释：

（1）真实位移表达和虚拟位移表达在句法、语义上以及在
时间轴上的不同，呈现出二者的意象图式结构有明显的区别，
意象图式具有体验性，不同的运动模式可以将具身经验运用于
无数个具体的位移运动中，进而构成空间关系和空间中运动的
动态模拟表征，继而对动态模拟表征进行抽象化，形成概念结
构，因此不仅动态的物体可以位移，静态的物体也可以位移，
但形成的是不同的位移图式。

（2）在虚拟位移的概念建构中，观察对象与视点之间的映

射以邻近性为基础产生转喻，观察对象作为凸显的实体，激活
了认知中凸显度较低的目标实体——视点，即以观察对象的虚
拟移动来指代视点的真实移动。虚拟位移表达的隐喻机制指的
是借助于位移动词的隐喻创新，将源域中真实位移的主体所具
有的属性映射到虚拟位移主体这一目标域的过程。真实位移作
为源域，是人们已有的经验基础，通过创造性的隐喻联想，真
实位移表象被进行了重新的改造和组合，即"静态主体 + 位移
动词"，从而创造出新的经验形象——虚拟位移。虚拟位移句的
认知机制是基于转喻的隐喻，是转喻和隐喻共同合力的结果。

（3）虚拟位移表达的形成涉及两种整合类型：糅合型和截
搭型。糅合型虚拟位移就是将动体的空间位置移动与静态物体
所占的空间范围及方位整合在一起，两个事件的整合产生了新
的概念意义。截搭型虚拟位移就是将观察者视线的移动与位移
主体的空间位置及走向整合在一起。

（4）对虚拟位移表达的认知和理解涉及总括扫描模式，即
在对虚拟位移主体进行观察时，成分状态以累积的方式被平行
激活，静态场景的所有方面同时呈现出来，主体的所有部分组
合起来作为一个完整的认知单元被感知。

最后，从语体的角度来看，虚拟位移具有如下特点：

（1）虚拟位移是叙述者赋予静态主体以动态移动特征，以
叙述者视线所及的观察顺序介绍位移主体的形状、走向和姿态
等，是典型的"以动写静"，不依靠时间顺序来支撑，没有前后
的时间连贯关系，与事件过程无关，也不涉及位移主体某一性
质或功能需要过去事件作为条件才能呈现，位移动词具有无界

性，句中限制表达叙述者立场、意愿和态度的成分，具有客观说明性和描述性。

（2）虚拟位移的时体、语气情态、补语成分以及否定、被动等句法操作方面在叙事语体与非叙事语体中有很大差异。语体动因对虚拟位移具有句法塑造作用，表现在两个方面：一是对语法成分的塑造，包括时间信息的限制，允准［＋持续义］的时间成分而限制具有起始、终结等过程义的时间成分；还包括语气情态的限制，虚拟位移这类说明性语体限制体现叙述者的立场、态度的成分受到抑制，评注性副词和语气词等语气成分得不到允准，而修饰位移动词的描摹性副词则能得到允准；最后还有补语成分的限制，位移动词的动作性和时间性在虚拟位移表达这种说明性语体中受到抑制，因而句法上也限制动量和时量成分。二是对句法操作的限制，首先表现为否定表达的选择，从目前搜集到的韩语语料来看，尚未发现使用否定形式进行表达的虚拟位移句，无论是表达主观否定的"-지 않다 / 안"或是表达客观否定的"-지 못하다 / 못"。由此可以看出，汉语和韩语虚拟位移句的否定表达存在一定的差异：汉语虚拟位移表达的否定形式相较于韩语更多见，且汉语虚拟位移句的否定标记只能选择"没有"，而不能选择"不"。其次是被动化操作受限，位移主体的［－有生性］［－施动性］［－意愿性］和位移动词的单价性使得汉韩虚拟位移句的被动化操作受限。

真实位移向虚拟位移的范畴化是人到物体隐喻的结果，在此过程中，施事的原型性降低，施动力由强到弱，因而位移主体可以由"人"扩展到静态的"无生物体"；基于身体经验的真实位移建构了我们的运动概念和事件结构，真实位移在向虚拟位移图式化的过程中，基于图式结构共性的隐喻类推保留了位移的概念核心内核，位移动词丢失了部分范畴特征，如时体、动量、时量、重叠等，但同时其辖域却逐渐变大，可以将静态无生主体纳入指涉范围，甚至位移动词本身发展成为词缀成分。对于虚拟位移的识解体现了非理性的思维创造，而这种非理性的认知背后依然有理性认知作为支撑。

位移动词用于位移事件句时，在语域和句法上表现出的标记性的强弱程度，只能用于虚拟位移句中的位移动词标记度最高，可以用于真实位移句、隐喻泛化后也可以用于虚拟位移句的位移动词标记度最低，还有些位移动词逐渐在向标记度高的趋势发展，根据语料统计发现，专门用来建构虚拟位移的动词数量很少，绝大部分是通过身体隐喻泛化来的位移动词，这些位移动词在隐喻的作用下，把无生主体概念化为人，理解这一隐喻的认知过程是基于人类自身的经验，即从最接近人类经验的位移活动范畴扩展到远离人类经验的空间关系范畴。经隐喻泛化后的位移动词与生命度存在共变关系，在人到物体的隐喻过程中，动词发生了去范畴化现象，语义上静态而非动态，界性上无界而非有界，形态上受限而非自由。

参考文献

[1] 白　荃，2000，"不"、"没（有）"教学和研究上的误区——关于"不"、"没（有）"的意义和用法的探讨，《语言教学与研究》第 3 期，21-25。

[2] 白雪飞，2017，汉韩虚拟位移表达的类型学考察——以延伸型虚拟位移为例，《한중인문학연구》第 1 期，177-193。

[3] 白雪飞，2018a，韩国语虚拟位移中的句法—语义互动，《东疆学刊》第 1 期，59-63。

[4] 白雪飞，2018b，汉朝虚拟位移的"路径"表达对比，《中国朝鲜语文》第 3 期，37-46。

[5] 白雪飞，2019，语体对句式的塑造：虚拟位移表达的实现方式，《励耘语言学刊》第 1 期，316-327。

[6] 白雪飞，2020，汉语虚拟位移主体的编码形式与认知分析，《汉语学习》第 3 期，52-59。

[7] 白雪飞，2022，虚拟位移事件概念建构中的转喻和隐喻，《外语研究》第 1 期，34-38。

[8] 白雪飞，2023，视点移动的主观加工：虚拟位移意义建构的认知理据，《对外汉语研究》第 1 期，81-89。

[9] 毕玉德，2005，《现代韩国语动词语义组合关系研究》，北京：民族出版社。

[10] 蔡珍珍，2015，《基于语料库的英汉虚拟运动表达的对比研究》，华中师范大学硕士学位论文。

[11] 曹宏，2004，论中动句的句法构造特点，《世界汉语教学》第 3 期，38-48。

[12] 曹佳，2015，《英汉感知散射类虚拟位移表达的对比研究》，湘潭大学硕士学位论文。

[13] 曹秀玲，2005，"一（量）名"主语句的语义和语用分析，《汉语学报》第 2 期，81-87。

[14] 崔希亮，2018，事件分析中的八种对立，《世界汉语教学》第 2 期，162-172。

[15] 陈碧泓，2020，现代汉语虚拟位移的类型探析，《长春师范大学学报》第 5 期，112-114。

[16] 陈平，1987，释汉语中与名词性成分相关的四组概念，《中国语文》第 2 期，81-92。

[17] 陈望道，1979，《修辞学发凡》，上海：上海教育出版社。

[18] 崔健，2002，《韩汉范畴表达对比》，北京：中国大百科全书出版社。

[19] 戴耀晶，1997，《现代汉语时体系统研究》，杭州：浙江教育出版社。

[20] 邓宇，2012，英汉心理活动虚构运动表达的认知研究，《广州大学学报（社会科学版）》第 10 期，59-63。

[21] 邓宇，2013，宋词中的散射虚构运动认知解读，《西华大学学报（哲学社会科学版）》第 6 期，70-74。

[22] 邓守信，1983，《汉语及物性关系的语义研究》，哈尔滨：黑龙江大学科研处。

[23] 董秀芳，2002，论句法结构的词汇化，《语言研究》第 3 期，56-65。

[24] 范立珂，2015，《位移事件的表达方式探究——"运动"与"路径"、"句法核心"与"意义核心"的互动与合作》，上海：复旦大学出版社。

[25] 范娜，2012，英语延伸路径虚构运动表达的抽象度研究，《外语教学》第 2 期，40-43。

[26] 范娜，2014a，汉英指示路径虚拟位移对比研究，《西安外国语大学

学报》，第 1 期，15-19。

[27] 范　娜，2014b，英语虚拟位移中的概念整合和转喻，《解放军外国语学院学报》第 6 期，99-157。

[28] 范　晓，2006，被字句谓语动词的语义特征，《长江学术》第 2 期，79-89。

[29] 方经民，1999，论汉语空间方位参照认知过程中的基本策略，《中国语文》第 1 期，12-20。

[30] 方　梅，2007，语体动因对句法的塑造，《修辞学习》第 6 期，1-7。

[31] 方　梅，2013，谈语体特征的句法表现，《当代修辞学》第 2 期，9-16。

[32] 费长珍，2023，《汉语延伸型虚拟位移表达的认知研究及其教学策略》，上海师范大学硕士学位论文。

[33] 奉　兰，2015，《英汉虚拟运动分类对比研究》，湖南大学硕士学位论文。

[34] 胡明扬，1993，语体和语法，《汉语学习》第 2 期，1-4。

[35] 韩　玮，2012，《英汉主观位移句的对比研究》，浙江大学博士学位论文。

[36] 黄伯荣、廖旭东，1991，《现代汉语（增订版）下册》，北京：高等教育出版社。

[37] 黄华新、韩　玮，2012，现代汉语主观位移句的认知理据探析，《浙江大学学报》第 4 期，47-56。

[38] 黄瑞芳，2015，《中国英语学习者习得英语虚拟位移表达的实证研究》，华南理工大学硕士学位论文。

[39] 金基石，2013，关于中韩语言对比的视角与方法，《东北亚外语研究》第 1 期，10-13。

[40] 柯理思，2003，汉语空间位移事件的语言表达——兼论述趋式的几个问题，《现代中国语研究》。

[41] 兰发明、魏本力，2015，虚拟位移事件的小句表征研究，《海外英语》第 20 期，182-184。

[42] 兰发明，2016，《虚拟位移事件的小句表征》，华东大学硕士学位论文。

[43] 李福印，2007，意象图式理论，《四川外语学院学报》第 1 期，80-85。

[44] 李福印，2009，《认知语言学概论》，北京：北京大学出版社。

[45] 李　玲，2012，《中学生英语中的虚拟运动表达研究》，华中师范大学外国语学院硕士学位论文。

[46] 李秋杨，2012，"以动写静"——虚拟位移事件的主观性体验，《江苏外语教学研究》第 1 期，71-75。

[47] 李秋杨、陈　晨，2012a，汉英虚拟位移表达的体验性认知解读，《山东外语教学》第 1 期，40-45。

[48] 李秋杨、陈　晨，2012b，虚拟位移表达的空间和视觉体验阐释，《当代修辞学》第 2 期，46-52。

[49] 李秋杨，2014，延伸型虚拟位移表达的类型学研究，《现代外语》第 6 期，753-762。

[50] 李书卿、张　艳，2017，英汉虚拟运动表达及概念整合理论下的解读，《西安外国语大学学报》第 2 期，15-20。

[51] 李文浩，2009，"满 +NP"与"全 +NP"的突显差异及其隐喻模式，《语言科学》第 4 期，396-404。

[52] 李　雪，2009，英汉语言表达中"想像性运动"的认知阐释，《西南政法大学学报》第 2 期，130-135。

[53] 李亚培，2011，虚构位移结构的类型学分析，《郑州航空工业管理学院学报（社会科学版）》第 4 期，87-90。

[54] 李　瑛，1992，"不"的否定意义，《语言教学与研究》第 2 期，61-70。

[55] 林裕文，1957，《词汇、语法、修辞》，上海：新知识出版社。

[56] 铃木裕文，2005，主观位移表达的日汉对比研究，《现代外语》第 1 期，10-16。

[57] 刘大为，1994，语体是言语行为的类型，《修辞学习》第 3 期，1-3。

[58] 刘丹青，2003，语言类型学与汉语研究，《世界汉语教学》第 4 期，5-12。

[59] 刘　琪、储泽祥，2016，实体首现信息和指称的错配效应，《当代修辞学》第 2 期，30-39。

[60] 刘　璇，2012，《英汉虚拟运动的认知分析》，南京大学硕士学位论文。

[61] 刘月华，1998，《趋向补语通释》，北京：北京语言大学出版社。

[62] 吕桐春，1997，《语文基础知识词典》，长春：吉林文史出版社。

[63] 吕叔湘，1999，《现代汉语八百词》（增订本），北京：商务印书馆。

[64] 齐沪扬，2002，《语气词与语气系统》，合肥：安徽教育出版社。

[65] 秦映雪，2023，《英汉散射型虚拟位移表达的比较研究》，哈尔滨师范大学硕士学位论文。

[66] 宋文辉，2005，主观性与施事的意愿性强度，《中国语文》第 6 期，508-513。

[67] 沈家煊，2003，现代汉语"动补结构"的类型学考察，《世界汉语教学》第 3 期，17-23。

[68] 沈家煊，2006，"糅合"和"截搭"，《世界汉语教学》第 4 期，5-12。

[69] 史文磊，2014，《汉语运动事件词化类型的历时考察》，北京：商务印书馆。

[70] 束定芳，2002，论隐喻的运作机制，《外语教学与研究》第 2 期，98-106。

[71] 束定芳，2004，隐喻和换喻的差别与联系，《外国语》第 3 期，26-34。

[72] 束定芳，2015，《认知语义学》，上海：上海外语教育出版社。

[73] 苏远连，2017a，虚拟位移研究及其对我国外语教学的启示，《外语研究》第 2 期，68-83。

[74] 苏远连，2017b，虚拟位移研究对我国翻译教学的启示，《嘉应学院学报（哲学社会科学）》第 7 期，74-77。

[75] 陶红印，1999，试论语体分类的语法学意义，《当代语言学》第 3 期，15-24。

[76] 陶红印，2007，操作语体中动词论元结构的实现及语用原则，《中国语文》第 1 期，3-13。

[77] 陶　竹、毛澄怡，2011，汉语虚拟位移现象探析，《扬州大学学报（人文社会科学版）》第 6 期，115-120。

[78] 陶　竹、张　韧，2014，概念语义学"延展句"分析中存在的问题，《中国外语》第 5 期，39-48。

[79] 汪燕迪，2017，汉语虚拟位移构式的位移主体和参照物及其英译，《宁夏大学学报（人文社会科学版）》第 2 期，186-195。

[80] 王德春，1987，《语体略论》，福州：福建教育出版社。

[81]　王　莉，2008，《汉语虚动句及其认知分析》，复旦大学硕士学位论文。

[82]　王　寅，2002，认知语义学，《四川外语学院学报》第 2 期，58-62。

[83]　王　寅，2014，《认知语言学》，上海：上海外语教育出版社。

[84]　王正元，2009，《概念整合理论及其应用研究》，北京：高等教育出版社。

[85]　王义娜，2012，主观位移结构的位移表征——从英汉对比的角度，《解放军外国语学院学报》第 2 期，1-5。

[86]　魏在江，2018，转喻思维与虚拟位移构式的建构，《外语教学与研究》第 4 期，506-515。

[87]　吴为善，2011，《认知语言学与汉语研究》，上海：复旦大学出版社。

[88]　许红花，2017，及物性视角下"NP受+VP"的句法表现和语用功能，《汉语学习》第 5 期，52-60。

[89]　许余龙，2002，《对比语言学》，上海：上海外语教育出版社。

[90]　许余龙，2005，对比功能分析的研究方法及其应用，《外语与外语教学》第 11 期，12-15。

[91]　许余龙，2010，语言的共性、类型和对比——试论语言对比的理论源泉和目的，《外语教学与研究》第 4 期，1-5。

[92]　姚京晶，2007，《论汉语的两类虚拟运动现象》，北京语言大学硕士学位论文。

[93]　姚艳玲、周虹竹，2022，日汉语延伸型虚拟位移表达认知语义对比研究，《外国语言文学》第 6 期，66-78。

[94]　晏诗源，2014，《英汉延伸型虚拟位移表达认知研究》，湘潭大学硕士学位论文。

[95]　杨京鹏、吴红云，2017，英汉虚构运动事件词汇化模式对比研究——以 toward（s）为例，《外语教学与研究》第 1 期，15-25。

[96]　杨　静，2013，延展类虚拟位移的体验基础及其对句法的影响——路源假说，《西安外国语大学学报》第 3 期，44-47。

[97]　余立祥，2016，诗词中虚拟位移的概念整合研究——以毛泽东诗词为例，《常州工学院学报（社科版）》第 4 期，71-75。

[98]　余立祥，2017，《汉语虚拟位移表达认知机制研究》，广西大学硕士

学位论文。

[99] 袁　辉、李熙宗，2005，《汉语语体概论》，北京：商务印书馆。

[100] 赵晨雪，2017，《英汉虚拟位移表达认知研究》，天津工业大学硕士学位论文。

[101] 张伯江，2007，语体差异和语法规律，《修辞学习》第 2 期，1–9。

[102] 张　弓，1963，《现代汉语修辞学》，天津：天津人民出版社。

[103] 张　辉、卢卫中，2010，《认知转喻》，上海：上海外语教育出版社。

[104] 张克定，2020，抽象位移事件的体认性和语言编码，《语言研究》第 1 期，33–39。

[105] 张谊生，2000，《现代汉语副词研究》，上海：学林出版社。

[106] 郑国锋、陈　璐、陈　妍、林妮妮、沈乐怡，2017，汉语发射路径现象探析，《华东理工大学学报（社会科学版）》第 3 期，110–116。

[107] 钟书能，2012，语言中虚拟移位的认知研究，《华南理工大学学报（社会科学版）》第 5 期，122–127。

[108] 钟书能、傅舒雅，2016，英汉虚拟位移主体认知对比研究，《外语学刊》第 2 期，32–36。

[109] 钟书能、傅舒雅，2017，英语母语者习得汉语虚拟位移构式的实证研究，《外语教学》第 3 期，49–56。

[110] 钟书能、黄瑞芳，2015，虚拟位移构式的主观化认知研究，《中国外语》第 6 期，27–34。

[111] 钟书能、黄瑞芳，2017，中国英语学习者习得英语虚拟位移构式的实证研究，《外语教学理论与实践》第 1 期，10–21。

[112] 钟书能、刘　爽，2017，虚拟位移的语法构式特征研究，《当代外语研究》第 1 期，51–56。

[113] 钟书能、汪燕迪，2016，汉语虚拟位移建构的认知机制研究，《宁夏大学学报（人文社会科学版）》第 1 期，167–172。

[114] 钟书能、赵佳慧，2017，真实位移与虚拟位移建构机制的认知对比研究，《中国外语》第 1 期，36–42。

[115] 朱德熙，1982，《语法讲义》，北京：商务印书馆。

[116] 김기혁，2002，국어 문장의 상적 의미 연구，경희대학교 대학원 국어국문학과 박사학위논문．

[117] 강보유, 2016, 언어의 주관성과 주관화, 중국조선어문, 205 (5): 5-13.

[118] 고영근, 1980, 국어 진행상형태의 처소론적 해석, 어언학연구, 16 (1): 41-56.

[119] 고영근·구본관, 2008, 『우리말 문법론』, 집문당.

[120] 김기수, 2016, 추상적 이동과 시간 은유, 영어영문학 연구, 58 (3): 251-270.

[121] 김기수, 2017, 가상 이동이 시간 은유 표현의 이해에 미치는 영향, 영어영문학연구, 59 (3): 199-218.

[122] 김기혁, 1981, 국어 동사류의 의미구조, 외국어로서의 한국어교육, 6 (1): 9-28.

[123] 김동환, 2002, 개념적 혼성과 의미구성 양상, 언어과학연구 21: 45-68.

[124] 김동환, 2005, 『인지언어학과 의미』, 태학사.

[125] 김동환, 2013, 『인지언어학과 개념적 혼성 이론』, 박이정.

[126] 김령환, 2015, 국어 격 표지 교체 구문에 관한 인지언어학적 연구, 경북대학교 대학원 국어국문학과 박사학위논문.

[127] 김윤신, 2005, 한국어 대상 이동 동사의 두 가지 의미 구조: 교체형과 비교체형, 한국어의미학 17: 207-229.

[128] 김응모, 1989, 『국어평행이동 자동사 낱말밭』, 한신문화사.

[129] 김주식, 2002, 혼성이론에 근거한 주관적 이동, 언어학, 10 (3): 37-153.

[130] 김준홍, 2011, 허구적 이동의 발현 양상: 영어와 한국어를 중심으로, 언어과학연구 58: 19-40.

[131] 김준홍, 2012a, 허구적 이동의 인지과정, 언어과학연구 60: 109-125.

[132] 김준홍, 2012b. 허구적 이동의 인지적 구조: 영어와 한국어를 중심으로, 경북대학교 문학박사 학위논문.

[133] 김준홍·임성출, 2012, 허구적 이동의 인지기제, 현대문법연구 67: 173-194.

[134] 나익주, 1995, 은유의 신체적 근거, 담화와 인지 1: 187-214.

[135] 남경완, 2005, 국어 용언의 의미 분석 연구, 고려대학교 대학원 국어국문학과 박사학위논문.

[136] 남경완, 2014, 국어 동사 다의성 연구의 흐름과 쟁점, 한국어 의미학 46: 111-139.

[137] 남승호, 2003, 한국어 이동동사의 의미구조와 논항교체, 어학연구, 39 (1): 111-145.

[138] 리우팡, 2015, 한국어 분류사의 인지언어학적 연구, 경북대학교 대학원 국어교육학과 박사학위논문.

[139] 박미애, 2023, 현대 중국어 가상이동 (fictive motion) 의 구문 특징 연구, 중국어문학논집, 140 (3): 121-149.

[140] 서혜경, 2014, 국어 어휘의미 교육의 인지언어학적 연구, 경북대학교 대학원 국어교육학과 박사학위논문.

[141] 손남익, 1995, 『국어 부사 연구』, 박이정.

[142] 손정숙, 2014, 영어와 한국어의 이동사건 어휘화양상: 한국인 영어학습자의 작문오류중심으로, 경북대학교 문학석사학위논문.

[143] 송창선, 2010, 『국어 통사론』, 한국문화사.

[144] 송현주, 2015, 『국어 동기화의 인지언어학적 탐색』, 한국문화사.

[145] 양정석, 2004, 개념의미론의 의미구조 기술과 논항 연결: 이동동사・움직임 동사 구문을 중심으로, 언어, 29 (3): 329-357.

[146] 이강호, 2012, 독일어, 영어, 중국어, 한국어의 은유적 이동의 양상. 독어교육, 55 (3): 95-118.

[147] 이주익・임태성, 2023, 영어 및 한국어에 나타난 가상이동 연구, 담화와 인지, 30 (4): 269-296.

[148] 염철, 2014, 한국어와 중국어 이동동사 대조 연구, 경북대학교 대학원 국어국문학과 박사학위논문.

[149] 우형식, 1998, 『국어 동사 구문의 분석』, 태학사.

[150] 이기동, 1977, 조동사 '오다', '가다'의 의미 분석. 눈뫼허웅박사 환갑기념논문집.

[151] 이기동, 2000, 동사 '가다'의 의미, 한글 (247): 133-157.

[152] 이종열, 1998, '가다'의 다의성에 대한 인지의미론적 연구, 한국어의미학, 3: 97-118.

[153] 임지룡, 1997, 『인지의미론』, 탑출판사 .

[154] 임지룡, 1998, 주관적 이동표현의 인지적 의미특성 . 담화와인지, 5（2）: 181-205.

[155] 임지룡, 2000, 한국어 이동사건의 어휘화 양상 . 현대문법연구 20: 23-45.

[156] 임지룡, 2004, 환상성의 언어적 양상과 인지적 해석, 국어국문학 （137）: 167-189.

[157] 임지룡, 2004, 시점의 역전 현상, 담화와 인지, 14（3）: 179-206.

[158] 임지룡 외, 2014, 『문법교육의 인지언어학적 탐색』, 태학사 .

[159] 임지룡, 2015, 『의미의 인지언어학적 탐색』, 한국문화사 .

[160] 임지룡 외, 2015, 『비유의 인지언어학적 탐색』, 태학사 .

[161] 임태성, 2012, '달리다' 에 나타난 이동 사건의 의미 속성, 한국어 의미학 38: 81-107.

[162] 임태성, 2013, 가상 이동의 의미 구성 방식 연구, 언어과학연구 （66）: 219-242.

[163] 임태성, 2015a, 신체화에 기반한 '달리다' 류의 의미 확장 연구, 담화와 인지, 22（2）: 151-169.

[164] 임태성, 2015b, '뻗다' 의 의미 확장 연구, 한글 309: 95-119.

[165] 임태성, 국어 가상 이동의 양상과 의미 특성 연구, 경북대학교 문학 박사 학위논문, 2016.

[166] 임태성, 2017a, 신체화에 따른 '솟다' 의 의미 확장 연구, 한국어 의미학 56: 35-55.

[167] 임태성, 2017b, 가상 이동 구문의 확장 양상 연구, 어문론총 73: 9-30.

[168] 임태성, 2018, 『가상이동』, 한국문화사 .

[169] 정경혜, 2005, 영어와 한국어 이동사건의 어휘화 유형에 따른 학습자 오류분석, 한국교원대학교 대학원 석사학위 논문 .

[170] 전수태, 1987/2009, 『국어 이동동사 의미 연구』, 박이정 .

[171] 정규석, 2005, 국어 동사의 상（相）에 대한 연구, 경상대학교 대학원 국어국문학과 박사학위논문 .

[172] 정병철, 2007, 경험적 상관성에 기반한 동사의 의미 확장: 동사의

의미와 구문의 상호작용에 대한 인지언어학적 고찰, 한국어 의미학 22: 209-236.

[173] 정병철, 2014, 한국어 동사와 문장 패턴의 상호작용, 언어과학연구 (69): 285-314.

[174] 정수진, 2011, 국어 공간어의 의미 확장 연구, 경북대학교 대학원 국어국문학과 박사학위논문.

[175] 정주리, 1997, 동사 의미에 대한 구조적 접근, 한국어 의미학 1: 107-125.

[176] 진현, 2010, 이동사건의 한중 유형학 분석과 대조, 중국언어연구 (33): 155-176.

[177] 채희락, 1999, 이동동사의 정의와 분류, 현대문법연구 15: 79-100.

[178] 천기석, 1983, 국어의 동작동사와 상태동사의 체계연구, 어문논총, 17 (1): 27-85.

[179] 최진아, 2013, 인지언어학에 기초한 비유 교육 연구, 경북대학교 대학원 국어교육학과 박사학위논문.

[180] 홍윤기, 2002, 국어 문장의 상적 의미 연구, 경희대학교 대학원 국어국문학과 박사학위논문.

[181] 홍재성, 1987, 『현대 한국어 동사구문의 연구』, 탑출판사.

[182] Barcelona, A. (2002). Clarifying and applying the notions of metaphor and metonymy within cognitive linguistics: An update. In Ren Dirven and Ralf Pörings (Eds.), *Metaphor and Metonymy in Comparison and Contrast*. Berlin/New York: Mouton de Gruyter.

[183] Brinton, L. J. and Traugott, E. C. (2005). *Lexicalization and Language Change*. Cambridge: Cambridge University Press.

[184] Chen, L. (2005). *The acquisition and use of motion event expressions in Chinese*. Ph. D. Dissertation. University of Louisiana at Lafayette.

[185] Chen, L. & Guo, J. (2009). Motion events in Chinese novels: evidence for an equipollently-framed language. *Journal of Pragmatics*, 41(9): pp.1749-1766.

[186] Chengzhi Chu. 2004. *Event Conceptualization and Grammatical*

Realization: The Case of Motion in Mandarin Chinese. A Dissertation Submitted to The Graduate Division of the University of Hawaii in Partial Fulfillment of the Requirement for the Degree of Doctor of Philosophy in East Asian Language and Literatures (Chinese): pp.14–20.

[187] Croft, W. (1993). The role of domains in the interpretation of metaphors and metonymies. *Cognitive Linguistics*, 4(4): pp.335–370.

[188] Evans, V. and Green, M. (2006). *Cognitive Linguistics: An Introduction.* Edinburgh University Press.

[189] Fauconnier, G. (1985). *Mental Spaces: Aspects of Meaning Construction in Natural Language.* Cambridge, MA and London: MIT Press.

[190] Fauconnier, G. (1997). *Mapping in Thought and Language.* London: Cambridge University Press.

[191] Fauconnier, G. & M. Turner. (2002). *The Way We Think: Conceptual Blending and the Mind's Hidden Complexities.* New York: Basic Books.

[192] Hopper, P. J. & S. A. Thompson. (1980). Transitivity in grammar and discourse. *Language*, 56: pp.251–299.

[193] Hsueh, F.-S. (1989). The structure meaning of BA and BEI construction in Mandarin Chinese. In J. Tai & F. Hsueh (Eds.), *Functionalism and Chinese Grammar* (pp.95–125). South Orange, NJ: Chinese Language Teachers Association.

[194] I. A. Richards. (1936). *The philosophy of rhetoric.* Oxford: Oxford University Press.

[195] Jackendoff, R. (1983). *Semantics and cognition.* Cambridge, MA: MIT Press.

[196] Xiaoling Ji. (1995). *The Middle Construction in English and Chinese.* MA thesis of The Chinese University of Hong Kong.

[197] Lakoff, G. (1993). *The contemporary of metaphor. In Andrew Ortony, Metaphor and Thought.* London: Cambridge University Press.

[198] Lakoff, G. & Johnson, M. (1980). *Metaphors we live by.* Chicago: University of Chicago Press.

[199] Lakoff, G. & Johnson, M. (2003). *Metaphors we live by*. London: The university of Chicago press.

[200] Lakoff, G. & Turner, M. (1989). *More Than Cool Reason: A Field Guide to Poetic Metaphor*. Chicago and London: The University of Chicago Press.

[201] Lakoff, G. & Turner, M. (2003). *More than Cool Reason: A Field Guide to Poetic Metaphor*. Chicago: University of Chicago Press.

[202] Langacker, R. W. (1986). Abstract motion. *Proceedings of the Annual Meeting of the Berkeley Linguistics Society*, 12: pp.455–471.

[203] Langacker, R. W. (1987). *Foundations of Cognitive Grammar Vol.I: Theoretical Prerequisites*. Stanford: Stanford University Press, 1987.

[204] Langacker, R. W. (1990). Subjectification. *Cognitive Linguistics*, 1: pp.5–38.

[205] Langacker, R. W. (1993). Reference-Point Construction. *Cognitive Linguistics*, 4: pp.1–38.

[206] Langacker, R. W. (1999). Virtual reality. *Studies in the Linguistic Sciences*, 29: pp.77–103.

[207] Langacker, R. W. (2000). *Grammar and conceptualization*. Berlin: Mouton de Gruyer.

[208] Langacker, R. W. (2005). Dynamicity, fictivity and scanning: The imaginative basis of logic and linguistic meaning. In R. A. Zwaan & D. Pecher (Eds.), *Grounding Cognition: The Role of Perception and Action in Memory, Language and Thinking* (pp.164–197). Cambridge: Cambridge University Press.

[209] Langacker, R. W. (2008). *Cognitive Grammar: A basic Introduction*. New York: Oxford University Press.

[210] Longacre, Robert. E. 1983 *The Grammar of Discourse*. New York: Plenum Press.

[211] Matlock, T. (2001)Abstract motion is no longer abstract. *Language and Cognition*, 2: pp.243–260.

[212] Matlock, T. (2004a). Fictive motion as cognitive simulation. *Memory &*

Cognition, 32(8): pp.1389–1400.

[213] Matlock, T. (2004b). The conceptual motivation of fictive motion. In G. Y. Radden & K. U. Panther. *Studies in linguistic motivation* (pp.221–248). Berlin: Mouton de Gruyter.

[214] Matsumoto, Y. (1996a). How abstract is subjective motion?A comparison of access path expressions and coverage path expressions. In Adele Goldberg (Ed.), *Conceptual Structure, Discourse, and Language* (pp.359–373). Stanford: CSLI Publications.

[215] Matsumoto, Y. (1996b). Subjective motion and English and Japanese verbs. *Cognitive Linguistics*, 7(2): pp.183–226.

[216] Matsumoto, Y. (1996c). Subjective change expressions in Japanese and their cognitive and linguistic bases. In G. Fauconnier & E. Sweetser (Eds). *Mental Space, grammar and discourse* (pp.124–156). Chicago: The University of Chicago Press.

[217] Otto Jespersen. (1988 [1924]). *The Philosophy of Grammar*. London: Allen and Unwin.（何勇等译《语法哲学》, 北京: 语文出版社, 1988 ）

[218] Palmer, F. R. (1986). *Mood and Modality*. Cambridge: Cambridge University Press.

[219] Quirk et al. (1985). *A Comprehensive Grammar of the English Language*. London: Longman.

[220] Radden, G. & Kövecses, Z. (1999). Towards a Theory of Metonymy. In Klaus-Uwe Panther & G. Radden (Eds). *Metonymy in Language and Thought*. Amsterdam: John Benjamins: pp.17–59.

[221] Richardson, D, C. & T. Matlock. (2007). The integration of figurative language and static depictions: An eye movement study of fictive motion, *Cognition*, 102(1): pp.129–138.

[222] Rojo, A. & Valenzuela, J. (2003). Fictive motion in English and Spanish. *International Journal of English Studies*, 3(2): pp.125–151.

[223] Rojo, A. & Valenzuela, J. (2009). Fictive motion in Spanish: Travellable, non-travellable and path-related manner information. In Valenzuela, J, Rojo, A. & Soriano, C. *Trends in Cognitive Linguistics: Theoretical and*

Applied Models. Frankfurt: Peter Lang, 4: pp.243−260.

[224] Shibatani, M. (1985). Passive and related constructions. *Language*, 61(4): pp.821−848.

[225] Slobin, D. I & Hoiting, N. (1994). Reference to Movement in Spoken and Signed Languages: Typological Considerations. *Proceedings of the Berkeley Linguistics Society*, 20: pp.487−505.

[226] Slobin, D. I. (2004). The Many Ways to Search for a Frog: Linguistic Typology and the Expression of Motion Events. In: Strömqvist, S., Verhoeven, L. (Eds.). *Relating Events in Narrative: Typological and Contextual Perspectives*. Lawrence Erlbaum Associates, Mahwah, NJ: pp.219−257.

[227] Slobin, D. I. (2006). What makes manner of motion salient: Explorations in linguistic typology, discourse, and cognition. In M. Hickmann and S. Robert (Eds.). *Space in languages: Linguistic systems and cognitive categories* (pp.59−81). Philadelphia: John Benjamins.

[228] Tai, J. H-Y. (2003). Cognitive Relativism: Resultative Construction in Chinese. *Language and Linguistics*, 4(2): pp.301−316.

[229] Takahashi, K. (2000). *Expressions of Emanation Fictive Motion Events in Thai*. Unpublished doctoral siddertation. Bangkok: Chulalongkom University: pp.1−171.

[230] Talmy, L. (1975). Semantics and syntax of motion. In John P. Kimball (Ed.), *Syntax and Semantics, Vol.4* (pp.181−238). New York: Academic Press.

[231] Talmy, L. (1983). How language structures space. In H. Pick & L. P. Acredolo. *Spatial Orientation: Theory, research, and application* (pp.225−282). New York: Plenum Press.

[232] Talmy, L. (1985). Lexicalization patterns: Semantic structure in lexical forms. In T. Shopen (Ed.), *Language typolpgy and lexical description, Vol.3. Grammatical categories and the lexicon* (pp.36−149). Cambridge University Press.

[233] Talmy, L. (1991). Path to realization: A typology of event conflation.

Proceedings of the Berkeley Linguistics Society, 17: pp.480–519.

[234] Talmy, L. (1996). The windowing of attention in language. In Masayoushi Shibatani and Sandra Thompson (Eds). *Grammatical Constructions: Their form and meaning* (pp.235–287). Oxford: Oxford University Press.

[235] Talmy, L. (2000a). *Toward a Cognitive Semantics Vol.1: Concept Structuring Systems*. Cambridge: The MIT Press.

[236] Talmy, L. (2000b). *Toward a Cognitive Semantics Vol.2: Typology and Process in Concept Structuring*. Cambridge: The MIT Press.

[237] Ungerer, F. & Schmid, H. J. (2001). *An introduction to cognitive linguistics*. New York: Foreign Language Teaching and Research Press.

后　记

值此书稿完成之际，心中感慨万千，蓦然回首，那些充满着欢笑与泪水、喜悦与成长的回忆，像电影胶片般在脑海中掠过，往事历历在目，由衷地感谢一直以来给予我关心和支持的人。

感谢我的博士导师金基石教授，导师在学术研究和教书育人方面兢兢业业，身体力行，倾注了大量心血，他的专注与热忱，数年如一日的辛勤耕耘让我由衷地钦佩，难忘老师课堂上的妙语连珠与风趣幽默，难忘老师指导论文时的精益求精，这些年我在方方面面取得的成长和进步，都离不开老师的指导与鞭策，能遇到这样的好老师，是我人生的幸运，老师对我的教导和鼓励我会铭记于心。

感谢我在韩国首尔大学访学期间的导师具本宽教授，感谢上海师范大学张谊生教授、韩国首尔大学朴正九教授、韩国东国大学韩容洙教授，感谢这些老师在专业方面对我的指导和帮助。

感谢以曹秀玲老师为代表的上海师范大学对外汉语学院的

老师们在工作中给予我的帮助与鼓励。

感谢陈昌来老师带领的上海地方高水平大学创新团队"比较语言学与汉语国际传播"给我带来的成长与进步。

感谢硕士导师南日老师对我的关心与指导，感谢母校教过我的各位老师给予我的教导和勉励。

感谢师兄师姐、师弟师妹们对我的照顾与支持。

在求学和写作过程中，我还得到了很多良师益友的关怀，在此一并表示深深的谢意！

本书的部分成果曾在不同的学术期刊上发表过，对这些期刊的匿名专家与编辑老师表示衷心的感谢！

还要感谢上海三联书店的杜鹃女士和编辑老师们，他们为本书的编辑和出版付出了很多心血，特此致以诚挚的谢意。

最后，感谢我的家人，他们的支持与陪伴、无私的付出与呵护永远是我前进的最大动力。

今后，我会继续努力，来回报这些关心和爱护我的人们。

图书在版编目(CIP)数据

汉韩虚拟位移表达研究 / 白雪飞著. -- 上海 : 上
海三联书店，2024.7. -- (学思语言学丛书).
ISBN 978-7-5426-8596-4

Ⅰ. H193.2；H554

中国国家版本馆 CIP 数据核字第 202409Y9Q3 号

汉韩虚拟位移表达研究

著　者 / 白雪飞
责任编辑 / 杜　鹃
装帧设计 / 一本好书
监　制 / 姚　军
责任校对 / 王凌霄

出版发行 / 上海三联书店
　　　　　(200041)中国上海市静安区威海路 755 号 30 楼
邮　箱 / sdxsanlian@sina.com
联系电话 / 编辑部：021-22895517
　　　　　发行部：021-22895559
印　刷 / 上海颛辉印刷厂有限公司

版　次 / 2024 年 7 月第 1 版
印　次 / 2024 年 7 月第 1 次印刷
开　本 / 890 mm×1240 mm　1/32
字　数 / 160 千字
印　张 / 8
书　号 / ISBN 978-7-5426-8596-4/H·137
定　价 / 79.00 元

敬启读者,如发现本书有印装质量问题,请与印刷厂联系 021-56152633